「これくらいできないと困るのはきみだよ」？

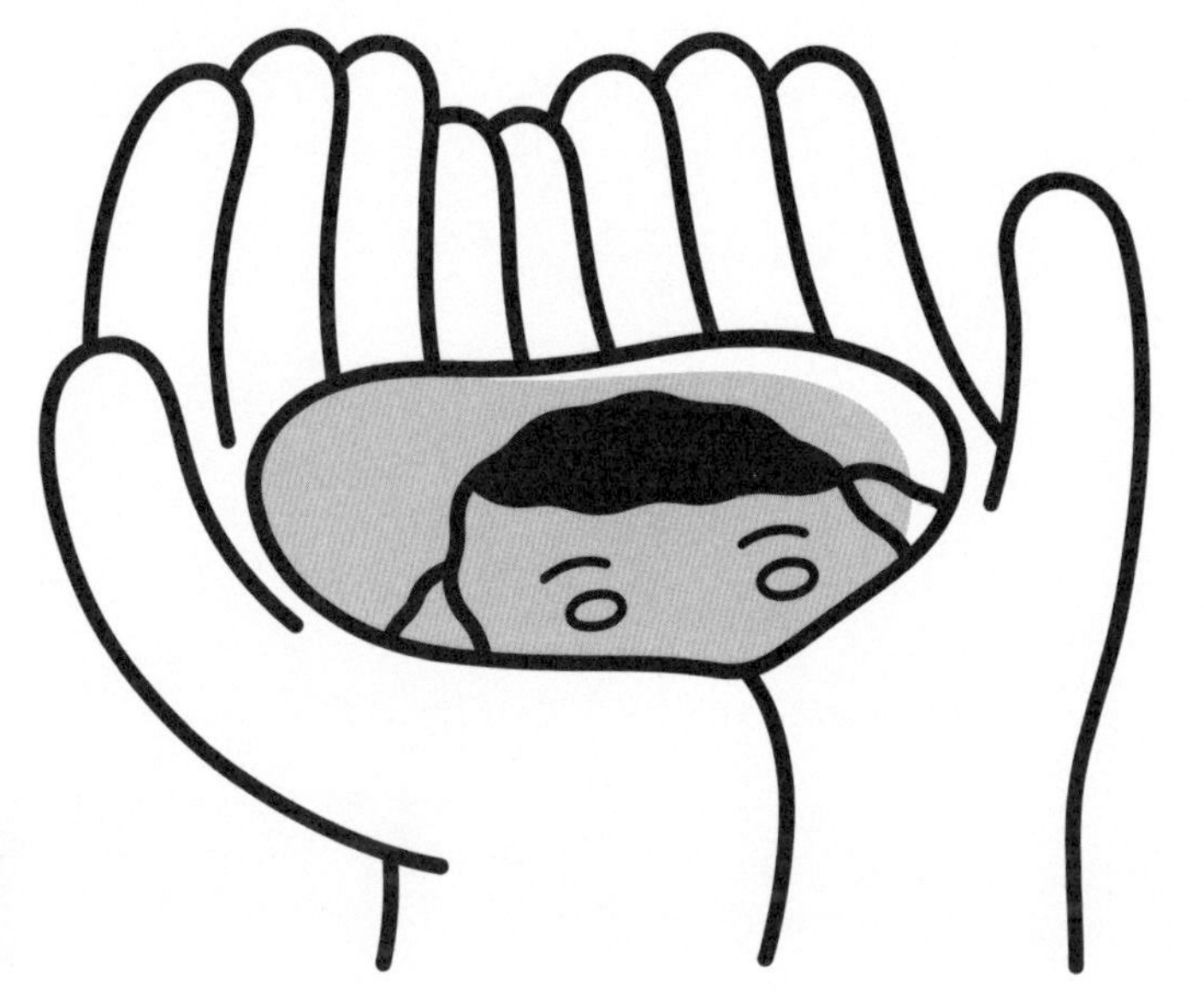

勅使川原真衣――編著

野口晃菜
竹端寛
武田緑
川上康則

東洋館出版社

はじめに

能力主義について最も深く熱く、思考と試行をつづける皆さまへ

意外なことに、初作『「能力」の生きづらさをほぐす』（どく社、2022年）を上梓した際に、読みひろげてくださったのは、学校の先生方でした。私には教育社会学を修めたバックグラウンドはありますが、その後の人生は専らビジネス畑（の中で野犬枠）で、教育の専門家とは呼べません。また論じた内容も、能力といえば、学校を思い浮かべる人が多いかもしれませんが、実は教育段階を終えたあとでも、もとい、その後の労働の現場の「人材開発」という文脈でいっそう、能力主義という社会原理は繁茂するのだと、おそらく初めて公に描きました。ゆえに、教育者界隈で広がるとは、私も出版社も当初はとても意外に思ったものです。

以来、小中高大学と学校段階を問わず、講演や座談会、ワークショップに呼んでいただいたり、教育専門誌で連載を持つようになりました。

それからというもの、先生方の根っからの教育者魂には脱帽しっぱなしでした。ひとの人生について少しでも寄り添い、よりよいものにしてあげたい／自分も成長し続けていきたい、という意欲と言いますか。私の古巣でもある人材開発業界なんてうんともすんとも言ってきませんから（笑）。常に、ご自分がやってきたこと・やっていることは、周りにどんな影響を与えているのか？　人生の師たり得るのか？　と、鳥の目蟻の目で感じ取ってきていらっしゃる証左でしょう。いろいろな生のお声も頂戴しました。

- 学校の脱・能力主義を一緒に考えたい
- 学校の組織開発をまずは職員室からやってみたい（≠人材開発）
- 先生方の「傷つき」を考えてみたい……などなど。

中でも、印象的だったことばの一つに次のものがあります。ある公立小学校での講演後の質疑で向けられたものです。

「能力主義の光と影はよくわかった。わかったけれど、僕ら小学校教員だけが変わっても、子どもたちは中学、高校……社会へと出ていくわけで。その彼らを待ち受ける社会というのは紛れもなく現状では能力主義社会だと思うと、無力感に苛まれる。変わらなくていい、もっと言えば、

下手に変えていくことは本当に世のため、子どもたちのためなのかわからない。だから、『これくらいできないと困るのはきみだよ』を訴求することは、やはり教師の任務なのだ」と。

とても他人事とは思えない、まことに真摯な叫びだと感じてなりません。

変革が難しい素朴な理由

まずは、しがない部外者の話を受け止めてくださり、ご自身の文脈に置き替えて思考くださったことに感謝しました。しかし、厳しいようですが、周りが変わらないから自分も変わらないのだ、との主張は、ゲーム理論で言うところの「囚人のジレンマ」[1]状態に他ならないのではないか？　とお伝えしました。

つまり、自分だけが割を食うかもしれないリスクを冒すくらいなら、このままで両者が得をすることはないにせよ、死なばもろとも……となったほうが心理的には収まりがつくことを許してしまう状態です。能力主義に置き換えれば、もはや能力主義的な、一元的な正しさを遮二無二追いかけ、個人を序列化し、ときに排除もいとわないやり口には綻びがあちこちに出ている。それは間違いないのだけど、社会がオセロゲームの石を一気にひっくり返してくれるならまだしも、自分だけがひっくり返っても仕方がない。そればかりか社会が求める「よい教師」を手放しかねないし、子どもをゆくゆく困らせるかもしれない。ならばだんまりを続けようと、そういう話になります。

これは教職に限らず、社会のあちこちで、変革が絵にかいた餅に終わる現象を説明するのに適切な個人の合理的選択と言えます。頭では全体最適に向け必要なことがわかっても、

✓さて、**あなたは変わることを選ぶのか？　一歩を踏み出すのか？**

と面と向かって、個別の意思決定を訊かれたら、思わず下を向いてしまうものです。

だって、怖いですから。既存の構造の中で、合理性があって続けてきたことを再考し、ともすれば過去の延長線上でない岐路を見せられることというのは、不安です。短中期的にリスクを避けようと思ったら、個別最適の選択肢をとるのが人間でしょう。

しかし本書は、先生方をはじめ、組織内で本当は変わろうとしている熱量、でもそれが既存の枠組みの中ではうやむやにされ、傷ついてきたことの一端を、教えていただいたことを無駄にし

ないために書いています。

変わりたい、変われない、のシーソーゲームから脱出するための対話集

その怖気づく気持ち、自分が一歩を踏み出したって、どうせ無駄に終わるかもしれないというモヤモヤ、ジレンマの一端は重々承知の上で、それでもお役に立ちたい一心です。とはいえ、私だけの視野では死角がたくさんありますから、教育に内外から関わる教育・福祉の識者にお力添えいただきました。彼ら・彼女らと勅使川原が喧々諤々で、ときに笑いあり、涙ありで議論した記録が本書です。

1　ゲーム理論における「囚人のジレンマ」とは、協力と裏切りが選択肢にある状況で、個々の合理的な選択が全体の利益に反してしまう典型的なジレンマを表すモデルのこと。具体的には、2人のプレイヤー（囚人）が共謀して犯罪を行ったと疑われ、別々に尋問を受けている状況を基にした思考実験。典型的なシナリオとは以下のとおり。
・協力：両者が黙秘すれば、2人とも軽い刑（例：2年）で済む。
・裏切り：どちらか一方が相手を裏切れば、裏切った側は釈放され、黙秘した側が重い刑（例：10年）を受ける。
・両者が裏切った場合：2人とも中程度の刑罰（例：5年）を受ける。
この状況における全体最適な得策は、互いに協力（黙秘）することのはずだが、個人としての合理的な行動（裏切り）を相手がとったと仮定して、自分だけが協力を選ぶと、自分だけが損をする形になるため、結局両者にとって非協力的な選択が支配的になることが多いというのがジレンマを表す。

最初に、先生方の現在地を、障害科学の専門家として、学校に第三者的に関わる野口晃菜さんと、語り下ろしました。まずもって、先生方は、すごいことを日々なさっている。そのことをつくづく感じさせる、野口さんの逸話を、エンパワーされながらお楽しみいただけたらと思います。

その上で、とはいえ、「これくらいできないと困るのはきみだよ?」と先生方が口にせざるを得ない構造はいかにして生まれているのか? 能力主義社会における先生という仕事の難しさと、変わっていく方向性を概念的に整理したのが、福祉社会学がご専門の兵庫県立大学の竹端寛さんとの対話です。よりよく教えていくのではなく、良き観察者であれ、というメッセージと、変革とて正確には相互変容なのだというキーメッセージを、具体的な実践アイディアとともにつぶさに語り合いました。

次いで、竹端さんとの対話をより学校の現場における実践に落とし込んだのが、学校DE&Iコンサルタントの武田緑さんとのおしゃべりです。教育的な規範の前に、いかに色とりどりの個を承認していけるのか? 相互変容を可能にする学校のしかけとして、具体的に何が考えられるか? 飾らず、素朴ながらも芯を食った議論になったと自負しています。

そして最後に、現役の特別支援学校教員として教育実践に日々奔走されながらも、『教室マルトリートメント』（東洋館出版社、２０２２年）他、教育現場の内なる構造的課題を描いてこられた川上康則さんと、「これくらいできないと困るのはきみだよ?」言説を、今一度、学校の中で日々子どもたちと対峙しながらも、ある種の異端として格闘を続けていらっしゃるお立場から、丁寧に語り合いました。

対談中も、対談後こうして読み返していても、涙が出てしまいます。それは、愛に触れているからだと確信します。

愛とは真剣であるがゆえの葛藤の姿です。このままでいいや、とか、ラクしよう、と思って子どもたちと対峙している先生はどこにもいません。よりよく生き合いたいのに、子どもたちには生き抜くことを教えざるを得ない構造に戸惑っていらっしゃる先生方。どうか、本書が少しでも希望になればと願うばかりです。

「これくらいできないと困るのはきみだよ」？　目次

対談1

声を聞かれること

野口晃菜 × 勅使川原真衣

対談 2

学校でケアし、ケアされるということ

竹端 寛 × 勅使川原真衣

対談 3

学校がそうせざるを得ない合理性を追って

武田緑 × 勅使川原真衣

対談 4

言っても癒えない？——学校という職場で

川上康則 × 勅使川原真衣

［凡例］事例の使用に関しては、使用の許可・承諾を得たものを使用しています。また、個人情報の保護、研究倫理の観点から、複数の事例情報を組み合わせたり、内容を一部変更したりしながら、個人が特定されないように十分な配慮を行っています。

勅使川原 真衣

組織開発者

1982年横浜生まれ。東京大学大学院教育学研究科修士課程修了。ボストンコンサルティンググループやヘイ グループなどのコンサルティングファーム勤務を経て、独立。教育社会学と組織開発の視点から、能力主義や自己責任社会を再考している。2020年より乳がん闘病中。

初の単著『「能力」の生きづらさをほぐす』(どく社)は紀伊國屋書店じんぶん大賞2024年で第8位に。最新刊に『働くということ 「能力主義」を超えて』(集英社新書)、『職場で傷つく～リーダーのための「傷つき」から始める組織開発』(大和書房)。『月刊 教職研修』(教育開発研究所)や論壇誌『Voice』(PHP研究所)などで連載中。

対談
1

声を聞かれること

野口　晃菜

NOGUCHI AKINA

勅使川原　真衣

野口　晃菜（のぐち　あきな）

博士（障害科学）／一般社団法人UNIVA理事

小学校6年生でアメリカへ渡り、障害児教育に関心を持つ。高校卒業後に日本へ帰国、筑波大学にて多様な子どもが共に学ぶインクルーシブ教育について研究。小学校講師、障害のある方の教育と就労支援に取り組む企業の研究所長を経て、現在一般社団法人UNIVA理事として、学校、教育委員会、企業などと共にインクルージョンの実現を目指す。共著に『LD（ラーニングディファレンス）の子が見つけたこんな勉強法-学び方はひとつじゃない!』（合同出版）、『差別のない社会をつくるインクルーシブ教育』（学事出版）、『発達障害のある子どもと周囲の関係性を支援する』（中央法規）など。

「これくらいできないと」が覆い隠す「関係性」の視点

野口　新刊、読みました〔勅使川原真衣『働くということ』集英社、2024年〕。

勅使川原　ありがとうございます。

野口　この本を読んでいて、私、すごく共感というか、同じようなことを考えているな、と思ったんですね。はじめのほうに、関係性を支援するみたいなことが書かれていて。以前、発達障害のある子の「コミュニケーション」についてまとめた書籍（『発達障害のある子どもと周囲との関係性を支援する』中央法規出版、2020年）で書いたことと同じだな、と思ったのです。

ちなみに、私、本を書くのがすごく苦手で、一人で書けないんですよ。一人で頑張るのが本当に苦手な人で。なので、本を書くときに、だいたい誰かと一緒に書くんですね。

勅使川原　ああ、『差別のない社会をつくるインクルーシブ教育』（学事出版、2022年）もそうだった。

野口　そうそう。だいたい、自分の好きな人たちと一緒に書く。私自身、何かを書くときも誰かとの相互作用の中で何かを生み出せる。それは自分が所有している「能力」があるからではなく、人との関係性の中で発揮できると実感しています。で、その発達障害に関する書籍もそうだったのですが。

話を戻すと、この本は出版社の方からの依頼がスタートだったのですが、「発達障害のある子どものコミュニケーション支援について書いてほしい」という依頼だったんですね。巷には、発達障害のある人の「コミュニケーション力」を高めるための書籍があふれているのですが、そのときに考えたのが、「そもそもコミュニケーション力ってなんだ？」ということで。

結局、「コミュニケーション力」と言われるけれど、コミュニケーションなんて双方向的だし、関係性次第じゃないですか、と。なので「関係性を支援する」という視点で書籍をまとめました。

勅使川原　真空状態にひとりぷかぷか浮かんで生きている個人なんていないのに、どうも個人単位の「能力」の話にされて、急き立てられるんですよね。

発達障害のある子どもと周囲との関係性を支援する

野口　そうなんです。なので、発達障害のある子だけを変えようとするのではなくて、周囲との関係性を分析して、その関係性がよりよくなるように支援するのが必要じゃないですか、というのを伝えたかったんですね。この書籍には、マジョリティにマイノリティを合わせさせることを「良し」としている現状は、ちょっと違うよね、という話などを書きました。

勅使川原　おっしゃるとおり。野口さんにこの企画に賛同いただけてうれしい限りです。

野口　「発達障害のある子どもを中心とした関係性」といったときに、その子を取り巻く環境である保護者や先生、友達とその子自身の関係性もそうだし、さらにその保護者を取り巻く環境も関係性ではないですか。それは全部入れ子構造になっているから、困難さが生じたときに「誰か一人の個の能力を高めよう」というやり方ではなくて、それぞれの関係性の中で起こっていることを紐解いて見ることが大事だよね、みたいなことを書いていたので、めっちゃ共感するなと思って。

勅使川原　え、うれしい。そうなんだ。

野口　まさに、と思っていました。

勅使川原　この野口さんの『発達障害のある子どもと周囲との関係性を支援する』が出されたのが2020年で、いまが2024年ですよね。こうして数年の時が流れても、世の中の主流はあいも変わらず力を個人に授けるという感じではないですか。

野口　そうそう、そうそう。

勅使川原　これ、今日はとことん掘り下げたいですね。

野口　私がこの「個人」ではなく「関係性」に焦点をあてる大切さに気づいたのは、支援をする中でなんですよね。
　発達障害のあるいろいろな子たちと会って、「支援」をしていると、その子を結局、マジョリティを中心とした社会に合わせさせるとか、マジョリティにとっての「ふつう」に合わせさせるための支援になりやすくて。このやり方はなにか違うのではないかということをずっと考えていました。

代表的なものでは、SST（ソーシャルスキルトレーニング）ですよね。特に学校での特別支援教育では、「ふつう」にのれない子は「SST」、そこで「ふつう」にのれる練習をする、という流れになりやすい。

通常の学級の中で「この子は支援が必要だね」となる判断のポイントが、そもそもその学校で求められている〝規範〟から外れている、逸脱しているとかになりやすい。

勅使川原　まさに、「これくらいできないと困るのはきみだよ」。

野口　そうそう、そうですね。結局、「我慢できないと」とか、「これくらいできないと」とか、そういうものさしで線引きがされてしまう。

あとは「みんなと一緒にできないと」というのは、かなり強くあるように思います。

個に帰するのではなく、関係との往還に着目する

勅使川原　ちょうど数日前に、熊谷晋一郎さんが委員長を務める内閣府の障害者政策委員会で、石川准さんが「合理的配慮は気遣いや心配りではない。合理的環境調整のことである」とおっしゃっていましたね〔2024年6月24日内閣府障害者政策委員会講演〕。

野口　これは本当にそうだなと思いました。

勅使川原　いま私たちがしているのって、環境調整の話ですよね。つまり、環境の側に障壁があって、それをどう変えていくか。でも、「配慮」と言ったときには、もうその瞬間に、個人の資質の話になっているんですよね。配慮できる私・できないあなた、であったり、配慮を要請できる人・できない人、などの線引きも。

野口　そうなんです。合理的配慮とは、今ある障壁を除去することで、本来当たり前にある権利を保障していくか、じゃないですか。

勅使川原　うんうん、「配慮」って恩着せがましいですよね。

野口　よく学校で「個別的支援と合理的配慮の違いはなんですか」と言われるんですが、「個別的支援」は一人ひとりに合わせた支援全般のことを指していて、合理的配慮は学ぶ権利を保障するために、学ぶ上で生じてしまっている障壁の解消が目的。

勅使川原　権利の話。大事なポイントですね。ちなみにここで言う「個別的支援」とはどんなことですか。

野口　今の学校教育の中で、その子に応じたツールを使ったり、その子に応じた教え方をしたりして、その子にカスタマイズしたやり方をすることすべてを指します。それは、みんなと学ぶ一斉授業の中ででも、特別の場においても。そういうことは、学校は既にやってきているわけですよね。

合理的配慮と個別的支援との違いとしては、そもそも合理的配慮のベースには、障害の社会モデル（「障害は人ではなく社会の側にある」と捉えて、社会が作り出した社会的障壁を取り除くことを目指す考え方）があります。今の学校がマジョリティの子どもに合わせて作られているがゆえに生じている社会的障壁は何かをまず明らかにして、それをなくすためにどんな合理的配慮ができるか、というステップなんですよね。先生たちからしたら新しい考え方ではあるとは思います。

個別的支援としてこれまでやってきたことは、その子の特性や能力を評価して、その子の能力を伸ばすためや、マジョリティにその子が合わせるために必要な支援をするという観点が強かったと思います。完全に「個（に宿る資質・能力）」のアセスメントです。

合理的配慮は、「その子の置かれている環境」のアセスメントも必要です。環境自体が、多様な子どもがいることを前提としていないが故に生じている障壁を可視化する。そして、その障壁をなくすための手立てをするので、まさに、「個」への支援から、「関係性」への支援だなと思います。

後者の考え方は、学校教育の中ではこれまであまりなかった。要は、これまで学校においてアセスメントする対象は、基本的に「その子」のみだったんですね。

勅使川原　なるほど。ビジネス文脈で言うと、個を有能にする発想の「人材開発」や「能力開発」と、組織全体の関係性をスムーズにする「組織開発」との違いに酷似しているように思いました。

環境のアセスメントにはひな型のようなものがあるんですか。観点がもう決まっていて、ここを環境とする、みたいな。

野口　一つは、学びのユニバーサルデザイン（Universal Design for Learning；UDL）の取り組みは社会モデル的だなと思います。ユニバーサルデザインの考え方は、「その環境が多様な子どもたちに合わせられるようなものになっているかという観点で見ようね」というものです。誰にとってもアクセス可能な環境整備をしよう、ということです。

勅使川原　学びのユニバーサルデザインってそういうことなんですね。ちなみにこの個別的支援と合理的配慮というのは、両方やるものという理解でいいんですか。今は個別的支援として、個人のアセスメントもやり続けるし、環境のアセスメントも社会モデルに則ってやり続けるという。

野口　現在は、個々のニーズに応じて「個別の教育支援計画」や「個別の指導計画」を立てるようになっており、その中に合理的配慮の項目もあります。しかし、依然として環境側の障壁を取り除くよりも個の力を伸ばす方ばかりにフォーカスされやすいです。

勅使川原　重層的な建てつけにはなってるのですね。

野口　学校でも合理的配慮は義務付けられているので、「合理的配慮をしなければならない」という認識は先生方に徐々に浸透しているのですが……どうしても、今の学校において障壁があるから変えよう、ではなく、「この子に問題があるから、この子を変えよう」となりやすいですね。

勅使川原　現在地としてはそういうことになりそうですね。

そうなっているのをわが子の教育を通じて感じるのと、初作『「能力」の生きづらさをほぐす』（どく社、２０２０年）を出してから、お子さんの障害を通じて能力社会の在り方に疑問を感じる方々からお手紙をいただくことがあり、ひしひしと感じさせられます。

排除（exclusion）が同質性を高める

勅使川原　このアセスメントというのは、担任の先生が教室で勝手に当てる物差しなんですか。それとも、観察であぶり出すんですか。

野口　担任の先生の「この子は支援が必要そうだ」という所感がまずあるかと思います。その基準は、基本的には「平均や規範から外れている」というようなものになると思います。代表的な物では、「チェックリスト」（「児童生徒理解のためのチェックリスト」のこと。文部科学省が平成14年に実施した「通常の学級に在籍する特別な教育的支援を必要とする児童生徒に関する全国実態調査」で作成されたもの）がそうです。

勅使川原　要は「みんなと違う」と。

野口　そうです。「みんなと違う」。例えば、集中ができないとか、先生の話を聞けないとか、そういうところです。

学校の中には、特別支援教育コーディネーターという役割の人がいて、その人を中心に校内で会議を開いて、その子に必要な支援を検討したりします。

勅使川原　なるほど、では学校には必ず配置されているのですね？

野口　２００７年に、特殊教育から特別支援教育に変わったときから、必ず配置しなければいけないことになりました。でも、その特別支援教育コーディネーターは校務分掌の一つで、学校の先生が担います。特別支援学級の先生や養護教諭の先生がコーディネーターを担う場合が多いようです。そのコーディネーターを中心に、「校内委員会」と呼ばれる会議を開いて、支援を検討します。

担任の先生だけがアセスメントするわけではなくて、コーディネーターも含めて複数で子どもの行動観察をして、その子に特別な支援が必要かどうかを検討して、もし必要なのであれば通常の学級でできる支援を検討したり、そのほか、通級や特別支援学級などの選択肢を保護者と相談・検討していく流れです。

今、私が懸念しているのは、少しでも「ふつう」から逸脱する子どもがいたら、すぐに別の場での支援対象として検討をするケースが多いことです。本来であれば、社会モデルの視点で、通常の学級や授業における障壁を明らかにして、最大限除去した上で、段階的に別の場を検討したいところです。でも、ご存知の通り、教員不足もあり、余裕もなくて、先生が「この子さえいなければ」と思わされてしまう構造になってしまっているというか。

勅使川原 おっと。「この子さえいなければ」はなかなか痺れる表現ですが、先生側の切実さも透けて見えるかの生々しさがありますね。

野口 別の場、つまり特別支援学級がすごく膨れ上がっている。極端な話、通常の学級の「ふつう」にのれない子は特別支援ルートに行くか不登校ルートに行くか、どちらかみたいなことも起こっていると思います。

要は別の場に行かないと、先生の数も増えないし、かつ、その子もその子に合った支援を得られない構造になっているから、先生もよかれと思って、この子には別の場がいいんじゃないかと言うし、保護者も「この子に合った支援を」と当然、思いますよね。通常学級の在り方を見直すことなく、どんどん、別の場に行く子どもが増えている。

だからある意味、通常学級では同質性が高まっていると思います。異質性が排除されていっているような。

勅使川原 それはもう言われていることなんですか。通常学級の同質性が高まっているよね、と。

野口 「同質性が高まっているよね」とまでは言われていないですが、「特別支援教育の対象者が増えているよね、通常学級の改革が必要ではないか」というのは、ようやく言われ始めていると思います。でも先生たちの努力だけでは限界です。そこはやはり構造的に変えていかないと、いつまでたっても特別支援対象者も不登校も、それはどんどん増えるよねという話です。

勅使川原 「この子さえいなければ」って改めて、生々しいことばですが、これは結構ありふれているのでしょうか。リアルというのか。

野口　リアルだと思いますね。やはり、思ってはいけないと思っても思ってしまうという葛藤が、先生にはかなりあると思いますね。

勅使川原　それは、スムーズな学級運営がよしとされているからということですか。

野口　そうですね。スムーズな学級。「指導力が高い先生は問題を起こさないで、きちんと子どもを見れているね、（いわゆる）問題がある（とされている）子どもにもきちんと支援ができて」みたいな。「一人で学級を回す、うまくやることがいい先生」という規範がすごくありますよね。

でも、指導力があるといわれている先生のなかには、ただ脅しているだけというケースもあるわけですよ。

勅使川原　コントロールしている、ということですかね？

野口　そうそう。子どもを恐怖で支配していることを「指導力」と言われてしまう。例えば、「指導力」のある先生の前だと、ぴしっとやるべきことをやっている子がいたとして、その子がほかの先生の前だとだらんとなっているとか、ありますよね。

でも、そこで後者の先生が、「この先生に指導力がないからだ」となってしまうわけなんです。でも、ただ怖いだけなんですよね。ぴしっとできているときは。

勅使川原　緊張状態がぴしっと、なだけなのですね。

野口　それはまさに川上康則先生が言っている、教室マルトリートメントなのかなと思うんですけれど。でも結局、いわゆる指導力のある、という文脈で、子どもを支配・コントロールするのがいいことだとされてきてしまったから、やはりそれをみんなやろうとしてしまうし、厳しくあらねばならぬというのが、先生たちの中にすごくありますよね。

勅使川原　その一方で、先生の世界では、懲罰人事みたいなこともあったりすると最近報じられますね。

野口　ありますね。「通常学級で40人持てないから特別支援学級に」みたいな。これは本当に、ひどいですね。通常の学級で「当たり前」の規範を子どもに植え付けられなかった先生と、規範にのれなかった・のらなかった子どもがみんな別の場に行くみたいな。たぶん、先生も子どもも。

学校、特に通常の学級における「こうせねばならぬ」圧が強いんでしょうね。受ける抑圧として強いと思います。「ちゃんとやれ」というのが。「特別支援だったら」「不登校だったら」その圧から逃れることが免除される、という感じがします。

勅使川原　やはりここでも「合理的配慮」なわけですね。

野口　どうしても特別支援学級のほうが「きちんとやらなければ感」は、先生は少ないんだと思います。これは、よくも悪くも。

特別支援学級は、教育課程も制度上は柔軟に組めるんです。通常の学級だと何年生までにここまでやらなければいけないという縛りがありますが、特別支援学級だと、個々に合わせましょうという制度になっていて。よくも悪くも柔軟なので、先生や学校によっては、通常の学級と同じような抑圧があるところもありますが……。

勅使川原　ちなみにその、特別支援学級を受け持つ先生方の成果は、何で測られるんですか。

野口　先生たちの成果ですか。

勅使川原　うん。

野口　先生たちの成果はどう測られるんですかね。

勅使川原　誰が何をどう評価しているのか？　という点が結構大事な気がする。

新しい抑圧では何も変えられない

勅使川原　そういう「指導力」の有無がまことしやかに力をもつ現場で、インクルーシブ教育の新しい取り組みを協働していくには、どんな工夫が必要でしょうか。

野口　昔、私がそれこそ十何年前に初めて学校に入り始めたころは、今のやり方と全然違って失敗ばかりでした。

勅使川原　大学院生のころ？

野口　そうですね。私は1年間、小学校で非常勤講師をやっていたんですね。その後、民間企業に就職をして、学校にコンサルテーションするような仕事が徐々に増えてきたんです。それをやり始めたぐらいのときは、「とにかく正論」みたいな感じで。

勅使川原　野口さんが？　意外。

野口　そうそう。結構、正論で。例えば圧で押してくるようなコミュニケーションの先生に対して、正論で「それは違いますよね、それをやっても意味ないですよね」と圧で返してしまっていたんです。

要は真正面から戦うみたいなことを、校長先生に対しても結構やっていたのですが、結局そのやり方をやっても、子どもにまで絶対に届かない。そういうやり方をしても、その先生の行動変容は絶対起きないということがわかったので、そのやり方はすぐにやめて。

勅使川原　うんうん、すごくわかる。

野口　そうなんです。はじめは結構、「先生のその接し方では、子どもに伝わりません」

とか、「それは間違っていますね」みたいなコミュニケーションをしてしまっていたんですね。

勅使川原　「アウト！」って感じで。

野口　そう、「アウト！」みたいな。でも結局、学校に入って先生たちのこれまでのやり方を変えるときに、先生たちに新たな抑圧を生んでもやはり変わらない、絶対的に変わらない。それもそうで、ぽっと外から来た若いやつが、ちょっと来てああだこうだ言っても、絶対変わらないですよね。
　それでやり方を変えて、子どもに接してほしいように私が先生に接しようというのをやりました。もちろん、本当にアウトなものは、教育委員会に言ったりもしながら。

勅使川原　子どもに接してほしいような接し方で。なるほどなぁ。

野口　子どもにこういう接し方をしてほしいとか、こういうことを大事にしてほしいというのを、まずは自分が先生たちにやっていくことを、それからは大事にしています。
　つまりどういうことかというと、子ども一人ひとりの思いがやはりあって、その子自身がいわゆる問題行動をするにも背景があって、周りとの相互作用、環境との相互作用の中でそういう行動が出ていたりするだけなんですよね。

同じように、先生たちがどうしてそういう思いになったのか、どういう思いを持っているのかとか、先生たちが支配的な行動を取らざるを得ない背景はなんだろうなとか、そういうところに目を向けるようになっていった感じですね。自分とは真逆の発想の人がいても、肯定もせず否定もせず。明らかな体罰だったら許容できませんが。

勅使川原 うんうん、良し悪しはつけないのがポイントになりそうですね。

野口 そうですね。あんまり良し悪しはつけずに、「この学校をどうしていきたいんですか」とか、「子どもたちにどうなってほしいんですか」ということを尋ねて、まずは手をつなげる部分を一緒に探していく。そこがいちばんと言ってもいいくらい大事なところです。

前向きに何か行動しようと思うためには、今ある現状に対して先生たちが吐露できる空気をつくらないといけないと思うんです。きちんと安全安心な場で、この場所では口をふさがれずに言いたいことが言えるんだよという、それがあって初めて、「では、どうしていく?」という話ができる。

そもそも「どうしていく？」を話すその前に、そういう場がつくれるのがベストだなといつも思う。常にそうできるわけではないですが。

先生たちも思いがあって先生になっている。子どもを虐待したいと思っている人などいない。子どもたちに幸せになってほしいなとみんな思って、わざわざ先生という職業を選んでいる。

勅使川原　だから、先生たちの思いが聞かれる場が設けられた後は、「子どもにどうなってほしいか」とか、教師として先生自身がどうしていきたいのかを、やはりみんなワクワクして話してくれます。本当はそういう教育をやりたいのにできない状況とか、そういう葛藤のようなものも話してくれる。そこが鍵だと思うんですよね。

すごく僭越ながら、この本〔同『働くということ』〕とかなり酷似していますね。プロセスコンサルティングなんですね。

野口　そうだと思います。一緒だと思います。

勅使川原　その推進に際して、「働き方改革」的な文脈のボールを投げ込まれることはないですか？　例えば「業務量がもともと多いから」「人がいないから」とか。仕事で言うと、「生産性」とかいうことばが「忙しいので変革なんて無理」という空気を醸そうとしてくることが。

そういうときは、どういうふうに対応されてるんですか。

野口

いつもお伝えしているのは、「できること」と「できないこと」がありますよね、ということです。学校でできること・できないことを整理していく必要はあると思います。今できないことをやれとは全く思わないし、中には、一緒にやれるものがあるかもしれない。

だからよく言っています、「私、いろんなところにいって構造をこう変えたほうがいい、って話を結構する機会があるから、『もっとここをこう変えるべき』って私に言ってほしい」みたいな（笑）。「私が先生の声を届けるから」と伝えています。

一緒に声を上げて変えていこうよ、と。もし先生たちが抑圧を受けているのであれば、そういう構造を変えていくための働きかけがすごく大事だから、それを一緒にやっていきたいと伝えています。今できる最大限は持続可能な形でやりつつ、声を上げることも同時にやっていこうよ、とも思っています。インクルーシブってそういうことだと思う。

勅使川原　本当にそうですよね。しかもその「できること」「できないこと」という判断は、中にずぼっと入ってしまっている当人だと案外、付きにくいことでもあるわけですね。

野口　そうなんですよね。35人学級にならないと無理とか、こういう条件が整わないと無理だと言われることはほんとうに多いのですが、そこはもう少し整理していけたらと思います。「ここまではできるけれど、ここからは難しい」というような形に。
難しい部分については、別に今やらなくてもいいと思う、でもできるところまで一緒にやりたい。制度が変わるまで待つわけにいかないから。そこをいつも伝えています。そういうスタンスですね。

先生の「どうしたい？」から始めていくために

勅使川原　そのプロセスコンサルティングの日常について伺いたいのですが、基本的には校長先生から、上から下に水を流していくような感じで先生たちのなかに入るんですか。

野口　最近、型が結構できてますね。私が入るときはまず、絶対一人で入らないというのが一つです。絶対、専門家は私ともう一人、入ってもらう。できればさらに教育委員会の指導主事にも入ってもらう。専門家が私ともう一人いて、指導主事との3人の体制がベストですね。

勅使川原　それは、一人で入ると大変だったという経験から生まれているのですか。

野口　それもだし、やはり一人が言っていることが正しいという構造を絶対つくらないというのが肝だなとも思っています。

勅使川原　なるほど、どんな「支援」であれ、批判性をまとっておく必要があるわけですね。

野口　そうです。あとは自分自身の働き方としても、自分が休んだら回らない状況をつくりたくないので、その意味でも専門家は絶対2人で入れて、指導主事もできれば入ってもらって、それで3人で入るやり方。

もう一つは、もちろんはじめに入るときには校長先生の合意などが必要なんですが、基本的には改革を進めていくためのコアメンバーを学校の中で結成してもらっています。

勅使川原　野口さんがお入りになるより前に？

野口　そうですね。私がこの学校に入る、継続的に関わると決めたら「ではコアメンバーを決めてください」と伝えて、4、5人ぐらいでチームを結成してもらいます。その先生たちを中心に、この学校をどう変えていくのかを一緒に考えていきましょうという、必ずそういうセットで入っていて、基本的には彼らと一緒に作戦会議をしていくというやり方です。

勅使川原　プロジェクトなんだ。

野口　そうです。完全にプロジェクトです。

勅使川原　これは依頼がきてから入るんですか。

野口　これまでは、個々の先生や指導主事とつながったり、教育委員会ともつながっていく中で、昨年まではほぼボランタリーでやっていました。あとは、教育指針などの検討委員の仕事があるので、そういう立場で学校に入るのもやっていたのですが、今年は日本財団から助成を頂くことになって。

勅使川原　ＵＮＩＶＡが。

野口　そうです。今年は組織的に東京都狛江市と埼玉県戸田市と大阪府箕面市に入っています。これらの自治体でモデル校を決めて、ＵＮＩＶＡがコンサルテーションをしています。

勅使川原　なるほど、面白い。

野口　でも本当は、こういうやり方でないほうがいいかなとも思っているんですが。

勅使川原　「こういうやり方ではないほうがいい」というのは、例えばどんな？

野口　本当は、はじめから専門家が入るのではないやり方のほうがよいと思っています。これもまさに勅使川原さんの著書につながってくるのですが、結局、専門家が入ると、「先生たちに新しい力を付けさせる」みたいな構図に絶対なってしまうんですよね。

勅使川原　現状うまくいかないのは、現場に足りないものがあり、それを補ってあげるのが支援だ、という感じですね。

野口　そうなんです。でも、学校も先生も、既にいろいろ持っているんです。それこそ勅使川原さんの言うマッチング（人や機能の組み合わせ）の問題だけで、先生たちは既にとても一生懸命やっているし、素晴らしい実践もたくさんあるし。ただそれが共有されていなかったりとか、言語化されていなかったりとか、指針がなかったりとか、それだけです。組織的にやっていく、持続可能な形でやっていくということが難しいだけで。

そういう意味では、「専門家が先生に新しい知識を獲得させる」という構造でなくて、指導主事同士をつなげるとか、学校同士で視察に行き合うとか、そういった方法を積極的に取り入れています。そのほうが、私（専門家）が入るより絶対に学びになります。

実際に、お互いに視察し合う取り組みを何度か実施したのですが、先生たちにとってとても意味のある時間になったようです。その視察がきっかけで授業のやり方を変えてみたり。

勅使川原　それは泣けますね。ちなみに戸田市って、叱るのやめた取り組みの？〔「「子どもを叱るのはもうやめる」と決めた公立小学校　褒める技術磨く先生たち、職員室まで明るくなった」共同通信社、２０２３年10月ほか〕

野口　そうです、叱るのやめたところ。これも、ただ叱るのをやめた、という話ではなく、応用行動分析学に基づいて、子どもを変えるのではなくまずは自分たちの接し方を変えよう、という取り組みです。

戸田はその他にもいろいろ実践されていて、通常の学級の文化の在り方や授業の改革は多くの学校で進んでいます。さまざまな方法をとりいれつつ、学校に子どもたちを合わせるのではなくて、子どもたちに学校を合わせることにチャレンジしています。もちろん、完璧な学校などないので、今も先生たちは葛藤しながら、悩みながら実践をされています。変化し続けている学校を実際に見に行くことで、自分の実践を振り返る機会にもなる。

学校の先生のみでなく、自治体の指導主事の先生方も同じで。他の自治体と情報共有をすることで見えてくることってすごくたくさんあります。

勅使川原　現場が自走するんですね。

野口　そう。「専門家がいないと解決しない」ではなく、それぞれ視察し合ったり、いいところをお互いに伝え合って、自分たちはどうしたいのかと考えるきっかけになるので。

だから、今、研修講師を招くための予算が学校にはあると思うのですが、もちろんそうした研修もいいんですが、そういう予算を先生の交通費に使って、いろいろなところに行けるようしてほしいなと思っています。

今も先生たちの「スキル向上」のために動画を作成して先生たちが見られるようにしている取り組みなどありますが、それよりも、先生たちが自治体などを超えて学び合える機会がもっとあるといいのにな、と思います。

勅使川原　そうやって思っている人がいるんだ。

いや、傍目から見ても、動画だけがあったって、うーんそれはうまくいかないだろう、ってのがあり。

野口　結局、先生たちが常に「新しい力を、新しい力を」とさせられてしまっているから、それをやめて、それこそチームみたいに、それぞれが持っている多様な力を生かし合えるような学校を作っていくのが、インクルーシブへの一番の近道だろうなと思っています。

勅使川原　私もずっとそのように考えているから、そこに何の疑いもなくすんなり入れるんですが、一方で、現場の「能力信仰」のようなものの根深さもしばしば思い知らされることがあるんですね。例えば「『能力』の生きづらさをほぐす』を読みました。感動しました」と言って、地方教育者の方々から講演依頼をいただくことがあるのですが、いざ演目を尋ねると、「これからの社会に必要な『真の能力』とは」とか、「これから求められる『リーダーシップ』について」などとおっしゃるんですね。「リーダーシップ」をはじめ、「能力」というのは仮構的で、個に宿すというのではないんだよ、という本だったつもりなのですが（笑）。

おひとり、ふたりからではなく、そのような「新能力観」の話を依頼されるものですから、何か私に見えていないことがあるのかなぁと思ったりもします。先生方が新能力の獲得にやっきにならざるを得ない、何らかの合理性ってやっぱりありそうでしょうか。

野口　結局、個の力を高めるというのが、教育という営みのすべてに代表されてしまっているというか、教育はそのためにあると信じられてしまっているんですよね。そこにばかり目が行ってしまう。

勅使川原　能力は個人の所有物ではない！　といきなり外様大名が言ったところでパラダイムシフトは難しいと。それはそうですよねぇ。

野口　難しいですね。「できないことをできるようにさせるのが教育である」「個々の力を高めるためにある」「学校の役割はそこにある」という信仰がすごく根強いというか。まさに教育基本法の「人格の完成」に見えますけれど、そういうところが根深いですよね。

勅使川原　はい、「教育の目的」からして、「人格の完成」とあるくらいですもんね。

インクルーシブであることは、他者という異質とともに生きる術

野口　「個別最適な学びと協働的な学び」は大切な切り口かなと思っています。「個別最適な学びと協働的な学びの一体的な充実」と言ったとき、「個別最適」のほうは、（教具などの）ビジネスとの連携もあいまって、どんどん進んでいます。
　授業のやり方とかも実際変わってきてるんですよね。それ自体はいいことだと思っていて、例えば自由進度学習に代表されるように、みんなが同じことを同じペースで学ぶのではなくて、自分のペースで学んだり。授業のスタイル自体は変わりつつあるんです。
　ただ、「協働的な学び」のほうはまだそこまで重要視されていないというか。

勅使川原　個の話のほうがフィーチャーされやすく、協働や関係性の話はどうもおざなり傾向にあると。「協働的な学び」は現場でどう解釈されているんですか。

野口　「協働的な学び」ということ自体に、たぶんそもそもあまり着目されていないと思い

ます。「個別最適」にはかなり焦点が当たっているので、その分、ある意味学習時の同質性が高まっているように感じます。同じクラスの中でも、同じ能力の子たちとだけつながるようなことが起こってしまっている側面も、一方ではあると思うんですよね。でも、本来はたぶん、そうならないための「協働的な学び」でもあって。

学校教育の重要な役割の一つは、異なる個々が一緒に学びを営むことにあるはずです。「協働的な学び」は、異なる価値観を持つ異質な存在である人たち同士が、対話によって納得解を得ていくことだ、と定義されていますが、実際はどうなのか。

最近、講演や研修の際によく言っているのは、「今の学校では、そもそも異なる他者と出会う機会自体がないですよね」ということです。先ほどの不登校も特別支援も通常の学級以外の別の場に行けば、柔軟な対応が許される、という構造も踏まえて。

なので、「そもそも異なる他者と出会う機会を奪っておいて、「協働的な学び」って何かおかしいよね。共生していかないといけないのだから、「協働的な学び」はやっぱり大事だし、進めていかないといけないよね」という文脈で、インクルーシブということばを使わずに、いかに多様な他者と過ごすことが重要かをよく言っています。

勅使川原　「主体的・対話的で深い学び」の「対話的」って、「協働的な学び」のほうにかかっていることばなんだ。

野口　「協働的な学び」は、「異なる他者と対話して、納得解を見いだしていく」という定義になっているんです。

勅使川原　なるほど。大人もやれていないことですねぇ。職場でも1 on 1だ対話だなんだ、と必死です。

野口　そうなんです。「ここがむしろめっちゃ大事！」みたいな。むしろここが本陣みたいな。

勅使川原　一方で、「協働的な学び」を、「めざす能力」に置き換えるとすごくビジネス志向的だなとも思って。たとえば他者と協働する力は、社会人に求められる「能力」として上位ですし、先ほど出てきたＳＳＴも広義ではそうですよね。

野口　それは、合理的配慮の話につながってきますよね。結局、「協働的な学び」と言ったときに、何のためにやるのかというと、社会で私たちが共生するためにそれは必要だよねということだと思うんですよね。異なる他者と一緒に働かないといけないし、異なる他者と一緒に地域で、みんなで一緒に過ごさなければいけないではないですか。
それは確実に必要だとは思うのですが、そうなったときに、結局ポイントは、それぞれの権利をお互いに保障し合うこと。これは、教育哲学者の苫野一徳さんが言うところの「自由と自由の相互承認」だと思うのですが〔苫野一徳『教育の力』講談社新書ほか〕、結局そこだと思うんです。でも今のSSTなどは、規範に合わせるとか、そちらになってしまっているケースが多い。
そうでなくて、「一人ひとり違うよね、それぞれ違う価値観とかがあるよね、この子の権利を保障したら、この子の権利が侵害されるかもしれないね。それでも、どうやって一緒に生きていこうか」ということが、本質的には「協働的な学び」であり、必要なソーシャルスキルだと思うので、そういう機会を学校で作っていくのはすごく重要だと思っています。

勅使川原　おっしゃるとおりですね。個の違いの認識まではできているものの、規範的な「良い」個とそうでない個があって、まだまだパイの限られた権利の奪い合いをしているようなイメージですね。

野口　空気を読んで、「どちらか」に合わせるのでなくて、それぞれ自分も相手も大事にするためにどうするかみたいなところ。強いて学校で身に付けなければいけない能力を定義しなければならないのだとしたら、私はそここそが、今の学校が担うべき役割だと思う。

やはり異なる他者と出会う機会があるとか、それが保障されているとか、そこで自分の権利も相手の権利も保障されるような関わり合いの経験を重ねることが、公教育にしかできないことなんじゃないかなと思うんですよね。

「相互承認」へのたじろぎの根源

勅使川原　まったくもって同意します。でも、相互承認ってなぜこんなにも減るもの
のように思われているんですか。誰かのを認めると自分のが減ったり、奪われるとでも思っているのかなって不思議に思うところも。人間の認識の癖みたいなものが影響しているのかどうなのか、定かではないですが。

野口　それは何なんですかね。

勅使川原　私が考えてきた能力主義の課題についても、ここまでの話と似たところがあると

思っていて。つまり、誰の声は聞く・聞くべきだけれど、誰の声は無視していいか、発言権を認めなくていいか、を決めたのが能力主義だと思っているんですね。だけど、結局、今やられていることは、「誰の」の部分をあーでもない、こーでもないと入れ替えているだけで、「これを持っている人の声はやはり聞いたほうがいいよね」「これすらもできない人は、頑張りが足りないので却下」みたいなことをずっと繰り返しているわけです。

野口　はい、条件付きになりがちですよね。

勅使川原　条件付きの承認、まさにそうですよね。全員の声を聞こうよ、としようとすると必ず、「時間がない」とか、「一定の水準をクリアしているエビデンスが」とか、リソースマター（「リソースが足りないせいだ」）にしてくる人が必ずいる印象です。

野口　いますね。

勅使川原　こういうのって、どうパラダイムシフトというか、認識を変えていくことができそうですか。なぜこんなに奪い合いみたいなせこい話になってしまうのか。

野口　それはありますね。障害の分野の中だけでもすごくある。問題なのはそもそものパイ自体が小さいことと、それを奪い合わせる構図自体だと思うんですが。

勅使川原　減った経験しかないのかな。

野口　ああ、実体験に基づいてしまっている？

勅使川原　うまく、それこそ、共創的な学びの経験がないのかもしれないですよね。

野口　それはありそうですね。

やっぱり学校の先生が、そもそも自分の声を聞かれていない、というのが一つあると思うんですよね。先生自身が自分の声を大事にされた経験がない。もちろん、超が付くほどの権力者だったら違うと思うんですが、そうでない限りは自分の声が大事にされないという。学校の先生は特にありますね。

そして、偉い専門家の先生が来たら、その人の言うことを聞かなければいけないとか。そうなっているじゃないですか。そういう、「自分などが声を出していいんだろうか」と思わされてしまう状況があるから、そのなかで他の人のことも抑圧せざるを得ないのかもしれない。

勅使川原　いやあ、ありますね。社会全体のジャッジメンタルさってありますよね。規範的なものさしを相手に対して勝手に当てては、良し悪しを決めつける。「すごい」「たいしたことない」といった二元論的なジャッジ。そんなくそゲーの経験が多く、どんな声も大切だよね、なんて実践をほとんど見たことのない大人に対してできることって、どんなことがありそうでしょうか。

野口　そこなんですよね。

勅使川原　一つには、野口さんが以前、インタビューでお答えになっていた「居心地のいい職員室はどうやったらできるのだろう」という取り組みは、重要ですよね〔DRIVE by ETIC「「残りの人生をかけてやり遂げたい」学校や企業と仕掛ける、社会そのものを変える挑戦」〕。
そういう取り組みをやっている学校は、他にもあるんですか。職員室内で声を聞き合おう、出し合おうという。

野口　東京の狛江第三小学校では、昨年、研修の時間や休憩時間などを使って、有志の先生たちが学校をよりインクルーシブにするプロジェクトをしてました。その中の一つに「くつろぎコミュニケーションチームプロジェクト」がありました。先生たちがもっとくつろいでコミュニケーションできるような職員室にしようというプロジェクトで、先生たちの雑談が始まるような工夫、「今日の夕飯は何にしますか」みたいなのを、掲示板を作って、そういう、話しづらい、お互いに話しかけづらい状況をなくして、お互いにまずは雑談から話せるようにしていこうみたいなことをやったりしていて。

とても良い取り組みでした。今、学校現場は年齢幅も広がってきていて、どうしても、特に若手の人から話しかけづらいというのがあるみたいで。

そういう、できる範囲で先生たちがよりリラックスして話せるような工夫をしている学校はあるとは思いますね。

勅使川原　かなりレアですよね。私も教育系雑誌の連載で「みんなの職員室」というコーナーを持たせてもらっているので、各校の職員室事情はいろいろと情報収集中なのですが。

野口　レアですね。わざわざ取り組みとしてそういうのをやっているところはたぶんあまりないかもしれません。それこそ関係性というか属人的なもので、どちらかというと偶発的に、ムードメーカーのような人が学校にいて、という形が多いと思います。たとえば、校長先生がそういう人で、とか。

勅使川原　校長先生、大きいですね。

野口　めっちゃでかいですね。

この間、私、関西の学校に研修を依頼されて、そこですごく感動したことがありました。研修自体はオンラインだったのですが、たまたま大阪へ行く機会があったので、せっかくだし学校を見せてもらえませんかと、見学させてもらったんです。

こういうときに校長先生と話すと、課題ばかりを挙げる方が多いのですが、その校長先生は、一緒に授業を回って「この先生はここが素敵なんです、この学年はここがいいんです。ここはここがいいんです」と、本当に先生たちの素敵なところばかりを教えてくれるんですよ。

かつ、その場面の写真を撮って、めっちゃメモっているんです。私がそれに対して言ったことなども全部メモっていて、たぶん後から一人ひとりの先生に伝えたんだと思うんです。

勅使川原　うわあ。フィードバックがあるんだ。

野口　そう。たぶんそういう学校では、先生たちが言いたいことを言えたりとか、やりたいことをやっても基本応援してもらえる。それはでも、偶発的ですよね。そういう校長先生がいる場所だと、そういう学校風土が出来上がる。そうするとやはり先生たちが抑圧から解放されるので、結果、子どもたちも抑圧から解放されるようなことが、たぶん起きているのだろうなとすごく思います。そこ、めっちゃいい学校でした。

勅使川原　関西のほうが、とかあるんですか。そういう地域性はない？

野口　あまりないですね。人ですね。本当に。

勅使川原　その属人的さがよさでもあり、問題にもなり得るんだ。

野口　よくも悪くも校長先生に左右される、かなり属人的な現場だとも思います。それこそ、校長先生とそのときの先生たちの関係性の中で、いい学校が出来上がっていく感じには今なっていますよね。

勅使川原　「リーダーシップ」という一元的な解に収斂したくないですが、単純に水の低きに就くが如し、上流の存在というのはめちゃめちゃ大きいですよね。これは企業でも同じことが言えます。

「元気」「普通」「これくらいできないと」と社会モデル

勅使川原　社会モデルをもう少し浸透させたいなというような活動もしているという理解でいいですか。

野口　そうですね。まさに合理的配慮を学校で進めていくためには、社会モデルの考え方を学校に浸透させていかなければと思っています。誤解されがちですが、ただ「配慮してあげます」みたいな話ではないので。社会の側の障壁は何かを明らかにしていくことなしに、合理的配慮は進められない。

先生たちが困っているとか、子どもたちが何かに困っているとなったときに、これまでは「困り事は、それを持った自分が悪い。自分の努力不足だ」という認識だったところを、「今の〝普通〟がおかしいんじゃないか？」というふうに視点を変えていって、では「その〝普通〟はどうやったら変えられるか」という働きかけを先生側にも子ども側にもしていく。それは別に障害の有無にかかわらずそうで。……こういうことをやっていって、ようやく合理的配慮かなと思っています。

勅使川原

この間、長野県上田市の「リベルテ」さんという就労支援B型施設（障害や年齢、体力などの理由から、一般企業などで雇用契約を結んで働くことが難しい人に対して、就労の機会や生産活動の場を提供する福祉サービス）でワークショップをしたときに、そこの武捨（むしゃ）和貴さんという施設長がすごく面白い方で。私の書籍『働くということ』の話をしたあとで、「自分がやっている、障害者を雇用するときのアセスメントは、組み合わせを考えてますわ」とおっしゃって溜飲が下がったんですね。「あの人は何ができるか」ではなくて、「誰と組み合わせれば何ができそうか」というのだけを考えているんだと。個人に良し悪しや優劣をつけるようなことはアセスメントなんかじゃないんだ、とお話しされていて。心底共感しました。

だけどやはり武捨さんも、それを当たり前にしていくべきだと思いつつ、「そんなアセスメントは非効率だ」「もっと生産性を上げろ」とお金を出す側から言われたりとか、正直いろいろと葛藤があるのだとおっしゃっていたのがとにかく印象的でした。どうして力のある人は「個人」を軸になんでも決めたがるんだろうと思えてならなくて。

野口　どうしてでしょうね。

勅使川原　自分には力があるから？
あとは変な話、「面倒だから」みたいなこととか。

野口　それは、あると思いますし、なんだろうな。

勅使川原　面倒。もう少しことばがありそうですね。面倒。

野口　どうなんだろうな。「自分はやってきた」みたいなのが、すごくありますよね。「生存者バイアス」（成功した例だけに着目して、失敗した結果を考慮せずに誤った判断をすること）があったりしますよね。「自分はこれでやってきたから、みんなもできるはずだ」とか、「頑張ればできるはずだ」というのはすごくある。あと、「自分はすごく我慢している」もよく言われますね。

勅使川原　現場の先生たちからも生存者バイアス的なマッチョさを感じるのですか？

野口　学校の先生のみでなく、対人援助職の方、企業のビジネスマン、経営者……いろんな人から感じます。私も昔はそうでした。

勅使川原　そのときに、自分がある種、恵まれたというか、この環境に適合できて恵まれたからそうできた、と思う人はあまりいないのかな？　私が著作で主張してきているのは、誰しも偶然性に専制された世の中を、持ちつ持たれつ生き合ってるんじゃないの？　高い能力のおかげで、選ばれし自分はしあわせです！　なんて恥ずかしい勘違いではないの？　ということなのですが。

野口　まさに「特権性」の話ですね。あまりいないと思います。どちらかといえば「自分の努力の結果、ここにいる」。そこがよりどころになっているから、そこを崩されることが怖いというのはすごくあると思いますね。

勅使川原　でも、この「特権」の話と合理的配慮は、ある意味地続きですよね。

野口　そうなんですよ。

声をあげる権力性　声をふさぐ権力性

野口　特権で言えば、私自身、何を言ってもあまり怖くないと最近思っていますね。前までは、「こんなの言ったら、つぶされるのではないか」と思っていたこともあったんですけど。最近怖くなくなりました。

勅使川原　それ聞きたい。

野口　やはり私自身がそういう「権力」を持ったというのが大きいかもしれないです。権力を持ったというか、なんだろう、発言力を持ったというのが大きいかもしれないですね。だからある意味、私自身も権力にすごく頼って活動してもいるので、それがいいかどうかはわからないというか、よくないとも思うんですけれど。

勅使川原　発言権を持った人が、自身の発言権について言及することが、これまであまり多くなかったですよね。その点についての内省や自覚はさておき、発信に勤しんでいるというか。

野口　そうですね。やっぱり、発言権がそんなにないときには怖かったですよ。つぶされて、自分が思うように働けないのではないかとか、自分の思うようなことができないのではないか、とか。

勅使川原　発言権。結構ややこしいですね。

野口　だから、取扱要注意ですよ、本当に。持っていることを自覚して発信をしないといけないですよね。そして本当は、なくても発言できるべきなんです。でも、残念ながら今の社会では、持っていないと怖い。持ってないとたぶん言えない。

要は、「別にこの人に嫌われてもいいや」ということですよね。この人に嫌われてもいいし、別に私は食っていけるしという。

勅使川原　面白い。わかる気がしますそれ。

野口　でも、そういう権力を、正しい方向性で……と言うと、それもよくないな。なんだろうな。正しいかどうかは置いておいても、また別の権力のある人に指摘するために使いたい、と思うんですよね。

勅使川原　強きをくじくために。

野口　そうそう、そうです、そうです。だから、権力に抗うために自分の権力を使いたいということかな。うん。

勅使川原　すごいよ。本当に。
こんなこと言ったらあれですが、私が本を書くのも、弱った、疲れた人の活力になれば、という願いはもとより、実は、能力について勘違いしている人に向けている面が多分にあります。あなたが好調なのは、周りが支えてくれたんじゃないの？　誰かが黙って神輿を担いでくれたときもあったでしょ？　と。権力は往々にして、周りの支えを忘れさせる。

他方で自分に引きつけるとなかなか難しい話で、実際に本が出ると、「いいですよね。結局、勅使川原さん、東大出ているから書けたんですよね」とか言われることも。

野口　そんなこと言われるんですか。ひどい。

勅使川原　もやもやします。でも、なんでこの人はこれを私にぶつけずにはいられなかったんだろう？　などと考えるきっかけとも言える。

最近、私の中で納得しかけているのは、「結局、ご自身がやはり発言権を得たから言っているんですよね」は一旦受け止めようと。でも、発言権を得ているのであれば、発言権を奪われてきた人のためにできるだけ使って恩返しはしたいよな、と思う。

野口さんの「権力に抗うために権力を使う」に非常に近しい感覚かもしれない。それは発言権ある瞬間に置かれた者のミッションというか、オブリージュなのかなと。

教育社会学を学んでいたときも、指導教官だった苅谷剛彦先生から何度も言われたんです。やれる状態にある人がやれるだけやるんだよ、と。ノブレスオブリージュってそういうことだよ、と。別に自分たちがnobleな立場かは私としてはいささか疑問があるので、そのことばの是非はさておき、いま仮に、発言権のターンが回ってきたのであれば、私はやる。しんどかったら休むけど。それでいいのだ、の精神ですね。一番もったいないのは、口をふさがれていることに慣れたり、諦めていること。

野口 言えないですよ。それこそ。権力に抗うこととか社会に抗うことは、発言権がないとできないです。それくらいこの話って要するに、権力を持っている人が、能力主義から抜け出せないのかもしれませんね。

勅使川原 本当にそうだ。

野口 結局、やはりその人たちが自分の能力のおかげだと思っているからですよね。本当、生存者バイアス。

勅使川原 生存者バイアス恐るべし。これはどうやってその牙城を切り崩す術があるのだろうか。

野口 でも、そういう意味だと、「のし上がってきたぞ」と自覚的な人のほうが、抜け出すのが難しいというか。うん。そうだろうなとは思ったりしますね。

勅使川原　マッチョというか、パターナリスティック〔強い立場にある者が弱い立場にある者の利益のために、本人の意思にかかわらず介入・干渉・支援すること。父権主義〕というか、とにかく強い感じですね。

野口　超マッチョ。でも、思えば私も、無自覚なまま、そのマッチョな社会の一部だった時期があって、超ホモソーシャルの中になんとか混ざろうと頑張ってましたね。
　そのことに自覚的であっても、「今の自分はそうじゃない」と信じ切ることもまた危ないし。

マジョリティの側を、いかに変えるか

野口　そういう、自分自身への自覚を経て、自分の残りの人生はマジョリティを変えるために使いたいと思いました。マイノリティを変えるのではなくて、マジョリティを変えたい。マジョリティとして。

勅使川原　本当にそれ。今のことば、いただきます（笑）。

野口　自分の人生のテーマはそれだと思って。

勅使川原　それだ。それ、すごい共感する。

野口　そうです。そう思って、番組出演などもしています。最近では、NHKの『ハートネットTV』にある「eKoes」というコーナーにも出演して、合理的配慮について話しました（2024年4月9日放送）。

勅使川原　番組告知を見て、放送をリアルタイムで正座で拝見しましたよ！　実家にいる親にも「野口さん観て！」と連絡しました（笑）！　そういうスポークスマン的取り組みなわけですね。

野口　合理的配慮も、結局マジョリティがどう変われるか、が問われていると思うんです。番組で話したのは、合理的配慮が「ずるい」「わがままだ」と言われるような文脈があって、ではなぜそう思っているんだろうということ。今日の話に似ていますが、個々の声が聞かれていないのかもね、というのも話して。自分ももっとわがままを言っていいんじゃないか、自分だけではなくみんなも、というふうに広げたりとか、自分も我慢しているからという気持ちもあるのかもね、とか。

でもさっきの話のとおりで、やっぱり発言権があるからこそ気をつけないといけない部分もあって。正義を定義しやすいし、ある意味での神目線にもなりかねないですから。

勅使川原　「神目線」、確かに。何なんだろう。突き刺さることばですね。

野口　「神目線」。本当に注意したいです。そうなってしまう背景としては、やっぱり怖いのかな。自分もマジョリティとしてそこにいた事実に向き合うことが。やはり遠くから見ていたほうが楽だし、回避なのかもしれませんね。

勅使川原　怖さ、ありそうだよね。

野口　だって怖いじゃないですか。自分がマジョリティとして、いろいろなものに加担してしまう・してきたかもしれないという恐れがあって、そこってやっぱりしんどいから、遠くから見たほうが楽だし。自分はちゃんとできているとして。でも、これは勅使川原　DE&I〔Diversity, Equity & Inclusion。就労において、多様な人が生き生きと働き、成果を上げ続けるための考え方〕やインクルージョンについて取り組んでいる人ほど陥りやすい罠だなとも、いつも思ってますね。「自分たちはできている。自分たちは大丈夫だ」。私にもそういうところがある。

野口　身につまされます。

勅使川原　そこはすごく気をつけなければいけない部分だなと思います。発言力のある、かつ社会的にいいこと（ソーシャルグッド）をやっている人ほど、自分は大丈夫と思いやすいので。

野口　大義名分があると盲信しやすいよね。

そうなんです。このために、という名分があるから。それこそ、いろいろなところで起きているハラスメントの問題とかもきっとそうなんでしょうね。

でも、だからこそ、マジョリティとしてマジョリティに働きかけるというのがすごい大事だと思っています。特権性の研究をされている出口真紀子先生〔上智大学教授。

文化変容のプロセスやマジョリティ・マイノリティの差別の心理について研究〕がおっしゃっていた、「マジョリティを教育する役割はマジョリティだ」というのがすごく残ってますね。

勅使川原　いかにも。

大衆の「傷つき」と向き合って

野口　だから、これまではマイノリティの人たちが一生懸命声を上げて、マジョリティを変えようとしていたところ、それを「マイノリティの人たち頑張れ」でなくて、マジョリティがマジョリティを変えていくことをやりたいと思う。
でも、それでいうと、人は多面的で、やはりマジョリティの部分もマイノリティの部分もそれぞれあるので。

勅使川原　そうか。だからこっちも、チームでやらなければいけない、という話なのかもですね。
人間は誰しも多面性だけども、レーダーチャートが正六角形とかになるような万能な人はいない。みな凸凹していて、いろんな状況、ままならなさを抱えていて、強気な場面もあれば、弱気なときだってある。声高に主張できたと思えば、聞き流されてしまうときもある。そういった現実的ながちゃがちゃとした揺らぎを前に、互いに持ちつ持たれつ、協働していくってことなんでしょうね。

野口　そうなんですよ。

私、全盲の親友がいて、その友達との関係がすごく好きなんです。どういうことかというと、性別は私が女性でその友達は男性、つまりどちらかと言えば私がマイノリティ、彼はマジョリティです。でも彼は全盲なので、障害という領域でいうと、私はマジョリティで彼はマイノリティでもある。だから、女性差別に対して彼は男性に声を上げるし、障害という領域では私がマジョリティ、障害のない人たちに声を上げるしという、そういうことだと思うんです。

勅使川原　やっぱりチームなんだね。

野口　その、マジョリティとしての自分に目を向けて、同じマジョリティに働きかけるということ。でも、それをこの2年間ぐらいやろうとしていくと、結局、たどり着くのは、マジョリティもみんな傷ついているなというのが結構あると思うんですよね。だから許されるというわけではないので、ここは難しいところなんですけれど。それはほかの経営者なんかと話していてもすごくそうなんですね。

勅使川原　7月に傷つきを思いきりテーマにした『職場で傷つく』（大和書房、2024年）を出しましたが、私としては恐る恐る世に問うている感覚でしたが、野口さんもそう感じてきたんだ。

野口　彼ら自身がそう言うんですよね。経営者自身が、すごく傷ついているみたいなことを。じゃあ、マジョリティに対して働きかけるといってもどういう働きかけ方がいいのかというと、「おまえらくそだ」という言い方も一つある。でも、自分はたぶんそうではないなと最近は思っていて。

勅使川原　うーん。どう思う？

野口　先ほどの先生たちの話と同じで、あなたはどうありたいか、どうしたいかを聞かれる体験というのが大事なのかなと思います。その人たちも関係性の中で生きているので、その人たちがそうなっている背景を知るとかいうところからしか、始まらないと思うんですよね。

今、企業向け研修とかもやっているんですが、そこをやるのは、社会の構造の中でその人たちが自分の立ち位置を知る機会を作ったり、自分も関係性の中にいるんだということに気づいたりとか。結局、そのようにしていくことだと思うんです。マイノリティについて知ってもらうことでは実はなくて。

勅使川原　他者を知りましょう、の前に自分のこと、それも特権性を含めた自己の社会的な現在地を知るということですね。

野口　自分もその一部というか、大きな構造の中の一部なんだということを知ることで、ようやくマイノリティにも思いを馳せられるというか。そのプロセスがたぶんすごい大事なんだな、と。

勅使川原　ハラスメント研修とかの前にやるべきはそっちですよね。

野口　そうなんです。まさに。

先生の「ワクワクするからやりたい」を増やす

野口　かつ、もう一つ、先生たちと関わるなかで教えてもらったことがあります。先ほど話したような、先生たちが安心して声を出せる場を作ること、つまり先生たちも自分たちが受けている抑圧に気づいたり、「自分」とは置かれた関係性が作るんだと気づいたりできることも大事なんだけど、もう一つ欠かせないものがあって。「先生たちがワクワクできる環境を作っていくこと」も要るんだということなんですね。

それで昨年、先生たちがいろいろな人と関わる機会を作ったんです。

勅使川原　校内で？

野口　校内もそうだし、校外も。先生が多様な人と出会って、自分とは異なる価値観に出会ってワクワクする経験。

マジョリティへの働きかけをするときに、この二つだなと思って。つまり、一つは自分も抑圧を受けていることに気づいていくようなプロセス。自分も社会の中の一部だし、構造の中に生きてきて、関係性のなかで自分はこうなっているんだねという気づきですよね。あとは、「では自分がワクワクするっていうのはどういう感覚か」を知ること。

やはり、先生たちの中で「義務」がどんどん大きくなって、「こうでなければ」とか「こうしなければ」の声が大きくなっていると思うので、そのなかで自分たち自身がワクワクするのは何だろうと。自分はどういう社会にしていきたいんだろうとか、そういうところ。

それこそ能力をつける・足すのではなくて、その人たち自身の関係性を編んでいくなかで、ワクワクすることと出会いなおす環境を用意すること。いろいろな人と出会ったりとか、いろいろな場に行ったりすることによって。なんとなく昨年1年間、いろいろ実践するなかで、そこにたどり着いているんです。

勅使川原　それは面白い。

野口　だから先ほどお伝えしたように、ただ動画を見るとか、専門家の話を聞く、だけではやっぱりないんですよ。先生たちがいろいろなところへ行って、いろいろな人と出会って、自分と異なる価値観と出会うことが楽しいと先生が思える。働き方改革も大事だけど、先生がワクワクすること。「やらなきゃ」じゃなくて「ワクワクする」。

「もっとインクルーシブにしたい」って思えるような環境を用意していくことだと思います。

勅使川原　先生が自分を生き直すんだ。

野口　そう。本当にそうですよね。そのような機会さえあれば、先生たちがどんどん新しい視点を取り入れて、学校全体がどんどんアップデートされていきます。

「義務」を乗り越え、「わからない」を分かち合う

勅使川原　おぉ。学校、先生方、変わりますか。そこが聞きたい。

野口　変わりますよ。インクルーシブな学級づくりや授業づくりって、これまでのやり方を変えることなのですよね。自分のこれまでのやり方や考え方を変えることって怖い。だから、みんなで一緒に、怖い思いや葛藤も共有しつつ、少し変えてみることができる環境をつくる。もちろん失敗もあるかもしれない。けれど、失敗も葛藤も共有しつつ、一人で抱えこむのではなく、多様な人と協働するうちに、だんだんワクワクして

いく。

勅使川原　面白い。

野口　そうなの。だから、今は先生たちの負担を軽減しようみたいな方向ばかりいきやすいんだけど、それもとても大事なのだけど、「ワクワクする」というのは結構見逃せないポイント。

勅使川原　人ってそう変わらない、が通説になりつつある今、この事例を聞けてよかった。なるほどな。

野口　すごいんですよ。そして、その少し変えてみた先生が他の先生たちに変えてみた結果どうだったかを話す。モヤモヤもするけれど、なんだかワクワクもする。それがどんどん伝播していく。

勅使川原　この変容プロセスはすごい。

野口　すごいですよ。ある学校では、ベテランの先生が葛藤やモヤモヤを共有していたりします。モヤモヤしていて、別に答えがこれだと決められなくてもいいんだと。モヤモヤしていることも言っていいんだって思える。こういうことだと思うんですよね。

勅使川原　ベテランからまず、ってのがすごい。ただでさえ、先生ってすべてを知っている存在として認識されているお仕事じゃないですか。知っている、答えがある体（てい）ですもんね。優れた大人像が学校の先生には背負わされていて。ベテランの先生はより一層。

野口　そうなんです。

勅使川原　これはいわば脱能力主義の実践ですね。

野口　まさにそうだと思います。モヤモヤや葛藤を共有してなんぼ、という文化が学校にはある。試行錯誤を楽しむ文化。

勅使川原　楽しめちゃうんだ。すごいよね。でも振り返ると、ここに至るまではやはり、「こちらが先生の思いをよく受け止めて」とかのさまざまなしかけというか、たとえば傾聴などが、意識的に行われたということですか。

野口　先生によっても異なるのかな、と思うのですが、先生自身が安心して自分の本音で語れる場を保障するのと、あとはやはり異なる価値観に出会う機会がポイントだったと思います。そしてこちらは、そこに対してああだこうだ言わない。すぐにこっち（専門家）はいろいろ、たぶん言いたくなると思うんですけど。

勅使川原　意図とか、学びのエッセンスとかね。

野口　そうそう。そういう、価値判断や考えを「委ねる」というか。いろいろな人とか価値観と出会う機会をただ保障する。その機会が多いということが結構ポイントだったのかなと思いますね。

勅使川原　出会い自体やそこでの考えを、誰にも決めつけられないでいることが尊いのですね。

安心して混ざり合えるためのピア

野口　だから、私、研修講師でよく呼ばれるのですが、自分ができることって本当に少ないなと思っています。

私も先生たちにとって一つの「環境」なので、そういう意味では私という環境に出会うことによって何かが生まれ得るかもしれないけれど、それよりもいろいろな人たちが混ざり合うというか、安心して混ざり合えることのほうが必要だと思います。まさにUNIVAは「混ぜる」ということが大切なコンセプトなんですけど、安心して混ざり合えるような機会とか、混ざり合った上で知識と結びつけたりする機会とか、そういう機会のほうが大事なんだろうなとか最近思います。

勅使川原　安心して混ざり合う、か。そうか、予定調和じゃないと不安なんですね。

野口　そうなんですよね。不安なんですよね。答えがないと不安だし。いつも講演するたびに言われますね。「結局どうしたらいいんですか」って。

勅使川原　わかります。「能力主義がダメならどうしたらいいんですか?」とかね。あと、こっちとこっち、一体どっちなんですか？　みたいな二項対立的な話もよく振られます。

野口　みんなどうしたらいいか知りたい。それは見通しが立たなくて怖いんだよね。

勅使川原　見通しの立たない怖さ。この性（さが）は乗り越えていけるものなんですか。予測不能さへの不安感って本当にしぶとくて。さきほどのベテランの先生なんかも、最初は積極的に参加したかったわけではないけど、実際に参加して、徐々に変わっていったわけじゃないですか。そんなにうまくいくものなのかな、って言うのが正直あります。

野口　でも、やはり仲間というか、ピアは必要なんでしょうね。

DE&Iのことを勉強しているなかで、面白い概念で私がすごくいいなと思ったのが、エクスパンジョンでした。マリア・モルキアンというDE&Iコンサルタントが、「DE&Iを推進する組織のリーダーこそエクスパンジョンが必要だ」と言っているんです。

意味はそのまま「拡張する（expansion）」。DE&Iを推進していくのに難しいのって、結局、その組織のリーダーには、別に正直DE&Iを推進するメリットがないわけなんですね。自分にとって都合のいい構造、例えば男性優位社会を男性が変えたくないのと同じように、メリットはないから、そのメリットをどう作るかが、推進には視点が重要で。経済合理性とか、そういうふうに言われることもあるけれども、やはりエクスパンジョンの概念が重要だと、この人は言っていて。

つまり、自分のコンフォートゾーンを出て自分を拡張することだということで、それは冒険と同じで楽しいことだ、ワクワクすることだって言ってるんです。TEDとかでも話しています〔Maria Morukian "*The Missing Link to Sustainable Diversity and Inclusion* / *Maria Morukian* / *TEDxRoseTree*"〕。

インクルーシブに対してワクワク取り組んでいる先生たちは、それこそまさにエクスパンジョンされていると思うんです。これまでの自分から拡張して、越境した感じですよね。

勅使川原　自己拡張か、なるほど。まさに子どもが社会に飛び出していくように、大人も生きている限り、他者との境界をあいまいにしながら、越境したり、融合したりして、溶け合っていく。

野口　それがワクワクすることなんだと思える経験を、リーダーの人たちが得られることが、たぶんすごく重要なんだと思う。それこそマジョリティの、超が付くほどの権力者たちが、「怖い」に突き動かされるのではなくて、そちらのほうがむしろ楽しいしワクワクするし、自分にとっても面白いかもしれないと思えることが。

そしていろいろなマイノリティ性のある人たちのことを知って、その人たちの世界はどうなっているのかを知って、自分がそこを越境していくみたいな。

コンフォートゾーンを抜けることだからすごくつらいこと、しんどいことだけれども、でもそれは同時に楽しいことでもあるという。ざっくりと言うと、そういうことを言っているんです。

勅使川原 そうだよね、なんだか自分もおっかなびっくりしながら、思い切ってわからない未来に飛び込んだ日のことを思い出します。

野口 私はそういうアプローチの仕方が必要かなと思っています。これは、マイノリティですごく差別を受けている人からしたら甘いやり方というか、やさしすぎるやり方だとも思うのですが、でも、実際に行動変容することを考えると、そういうやり方でないと人は変わらない、変われないのではないかともすごく思うんです。

自分はそういう戦い方というか、そういう方法でマジョリティの人にアプローチしたいといつも思っています。

勅使川原　面白い。「楽しい」か。「楽しい」だよね。なんだかとても素朴な感じがするけど、原点はそういう足元にあるんだな。

野口　実際に楽しいんですよね。

勅使川原　妙にジャッジされなければ楽しいですよね。ぐらぐらしても、変化していることそのものがとっても立派な挑戦なんですよね。
自分は前進しているのかどうかとか、けっこう気になるものですが。

野口　ね。どこに向かって前進したいんだろうって感じですよね。

勅使川原　前進もだし、「成長」ってことばのイメージも、私はちょっと狭すぎるんじゃないかと思ってるんです。「進化」もかな。あとあと、結果的にそう感じることなだけで、渦中に、「成長」や「進化」を確信していることってそんなにないと思うんですね。結果的に成長だったのかもしれない、ということを、追い求める、なんなら目標にするなんていうのは、微妙すぎると思ってます。

野口　微妙ですね。

勅使川原　だから自己拡張も、成長なのかどうなのか、ってあまり気にしないで右往左往でも暗中模索でも、変わろうともがいていることがいいよね、ってハイタッチするような関係があったらなと思う。他者から見て成長しているかどうかみたいなのは、本当に要らない、余計なジャッジメントだなって。

野口　自分がエクスパンジョンしていく過程ってまさに冒険だと思うのですよね。危険もあるし、怖いこともある。目的地はあるようでない。そこに対して「良い冒険」か「悪い冒険」か、別に他者が決める必要はない。いろいろあるけれど、総じて楽しいワクワクする冒険。

勅使川原　ね。朝起きるのが苦痛じゃないか、とかね。それだけでも、うれしいことですよね。

野口　そうそう。

だからやっぱり、マジョリティが変わるために権力を持って「お前ら変われ」というやり方ではないやり方ですよね。それをやるのが結構ポイントなんだと思います。

勅使川原　かつてのコンサルティングファーム勤務時代の先輩で親しくさせていただいている著作家の山口周さんから言われたことばでとても印象的なものがあって。「究極の自己変容はがん告知だ」みたいな表現だったと思うんですが。変わろう、変えてみよう、飛び出してみよう、っていうのは、権力で脅されてどうにかなるような話では到底なくて、命の危機くらい、切実な情動の揺らぎがあってこそなんだと、言うわけなんです。あれをはじめて聞いてから数年後に、私の場合はリアルな進行がん患者になったわけですが、あれは言い得て妙だったと思います。権力とか圧力で人が人を変えられるなんて、とんでもない。

まずは自分を社会モデル的にとらえる

野口　うん。権力を使わずに働きかけるというか、権力を使ったら、また同じことの繰り返しになってしまうから。

勅使川原　今日は本書のテーマである「これくらいできないと……」という話で野口さんと語り出したわけですが、総じて、教育論どころか、「社会変革とは」とか「草の根の変革とは」、ないしは「変革のためのゲリラ戦とは」みたいな話に「特権性」への自覚などの道筋をたどりながら、漂流してきましたね（笑）。
いやあ、素晴らしいな。それもこれも、お互いに、予定調和をよしとせず、先行き不透明な話の流れを楽しんだことが大きそうです。本当にありがとうございます。
最後にだめ押しでもう1点だけお伺いしたいのですが、ワクワクが大事、とはいえ、「年間スケジュールと予想される効果を事前に提出せよ」とか、言われたりはしないんですか。自分にはままあるもので。

野口　事前・事後にアンケートをとったり、インタビューをさせてもらったりはしています。例えば、「インクルーシブ教育を実践する上でどんなところに困っていますか」など聞いています。

勅使川原　なるほど！　蛇足ですが、困り事を尋ねるって、確かにその方の自己認識のみならず、社会や関係性への眼差し、距離感など、いろいろなサインが表れるかもしれないですね。『働くということ』にも書いたのですが、「怒っている人は困っている人」とか、「困った人は困っている人」ということばが私の組織開発の原点で。

会社員でも教員でも、一生懸命でひたむきで、頑張りたいけど、仕組みに変なところがあるがために、純粋に困ってるんですよね。能力とか性格とか態度の問題以前に、システムとしてうまくいかないことがあって、困ってる。それを気持ちの問題にせず、仕組みとしてあーだこーだ議論しながら変化を続けていけたらと思います。「成果」かどうかは、やっぱりその場ではわからないから。繰り返しですけど、脳に額に汗かき、誰かの口を塞がず喧々諤々議論して、試行錯誤してみる。これは業界問わず、「働くということ」なんだろうと改めて感じました。

野口　そうなんですよね。学校の先生たちはすごいです、本当に。皆さんすごいんです。

勅使川原　私にはとてもできないですよ。本当にそうですね。

野口　皆さん本当に素晴らしい。本当に組み合わせの問題とか、ちょっとしたきっかけやめぐり合わせで学校はどんどん変化していく。だからこそ、先生がもっと抑圧から解放されて、ワクワクできる仕組みをつくっていきたいです。

（終）

対談
2

竹端 寛
TAKEBATA HIROSHI

勅使川原 真衣

竹端 寛（たけばた ひろし）
兵庫県立大学環境人間学部教授

博士（人間科学）。現場（福祉、地域、学生）とのダイアローグの中からオモロイ何かを模索しようとする、産婆術的触媒と社会学者の兼業。子育てをしながら、福祉やケアについて研究。大阪大学人間科学部、同大学院人間科学研究科博士課程修了。山梨学院大学法学部政治行政学科教授、兵庫県立大学准教授を経て、2024年4月から現職。専門は福祉社会学、社会福祉学。著書に『ケアしケアされ、生きていく』（ちくまプリマー新書）、『家族は他人、じゃあどうする？——子育ては親の育ち直し』（現代書館）など。

学校にあるケアとは

竹端　今日はどんな話をしましょう。

勅使川原　私は教育社会学の薫陶を受けながら、経営についてもケアの視点で再考している人間です。翻って学校を考えたとき、「これくらいできないと」という規範的なまなざしが、学校の大人同士と、それから大人から子どもに向けてあるんじゃないか。そしてそれが学校におけるケアを阻む、免罪符になっているんじゃないか。という見立てで始まった企画なんですね。その意味では、学校をめぐってのケアは、今日、竹端先生とのキーワードになりそうだと思っているところです。

竹端　なるほど。

ケアする人へのケアという側面と、もう1個は、例えば学校の先生が子どもたちに何かを教える、ケアするとはいったいどういう営みだったのかをもうちょっと整理したいですね。

つまり、ケアしつつケアされる先生、つまり対人直接支援職である教師の地位や労働の話と、ケアする先生による「教育」という営みの話。学校の「ちゃんとしなきゃ」にはこの二つが関わっている気がするから、それをどう解きほぐしていくのか。

これまで、学校の先生は「聖人君子」の立ち位置で、リスペクトも得ていた。だから、代わりと言ってはなんだけど、子どもたちのために歯を食いしばって頑張ってくれという論が成立していた。でも、その地位が変わってきているのに、労働者としての先生たちは、変わらずかそれ以上に、専門性やケアを求められている。

たぶん勅使川原さんが教員の皆さんに「なんかおもろい」と思ってもらっているのは、二律背反とか、利益相反みたいに言われる「ケアする人」と「ケアされる人」の両方ともをつなぐ解を言おうとしてくれているところがあるからじゃないかと思っているんだけど。

勅使川原　早速おもろい話になりそうです。もうちょっと聞かせてください。

プロフェッション（専門職）の大転換期

竹端　学校の先生の専門性について浮かぶのは、アミタイ・エツィオーニというアメリカの社会学者が半世紀前に、看護師、教師、ソーシャルワーカーはセミプロフェッション（準専門職）と言ったこと〔Etzioni, "*The Semi-Professions and their Organization*", 1969〕。この

3つがセミプロフェッションであるのに対して、フルプロフェッション（完全専門職）は誰やったと思います？

勅使川原　弁護士、医師でしょうか。

竹端　そう。弁護士と医師。では弁護士と医師のプロフェッション（専門性）は何でしょうか。なぜ看護師、教師、ソーシャルワーカーはセミプロミッションと言われたのでしょうか。

勅使川原　知識の提供、専門性の提供だけで、ケアが入っていないとか。

竹端　というのは、たぶん後の私たちがするいわば後付けの解釈です。半世紀前の文脈で言ったら何だと思います？
　露骨に言うと、「センスの良い一般人とか専業主婦でもできる」という職業差別と女性差別が重なっていたのです。

勅使川原　ええっ、本当に？

竹端　確かに、ある意味納得できる部分もあるのですよね。虐待やマルトリートメントを用いて対象者や子どもに接する対人援助職者よりも、センスのいい非専門職のほうがずっと良い関わりをするのではないか、と。

その後、看護師、教師、ソーシャルワーカーたちが何を目指したかといったら、フルプロフェッションです。専門職大学院とか、認定看護師とか、認定ソーシャルワーカーとか……社会福祉士は国家資格がなかったから国家資格化という方向に進めた。専門性、つまり医師や弁護士を目指したわけです。

でも、生成ＡＩが出てきて、その方向性には限界があることがわかってきました。生成ＡＩに取って代わられる仕事の代表格として、弁護士と医師が挙げられているのですから。これまで、ものすごく賢い人しかできないと思われていた、過去の判例に基づいた判決予測も、画像や問診に基づく医学的な診断も、パターン化して読み込ませたら、ＡＩでもかなりの精度になります。

つまり、実はフルプロフェッションのフルプロフェッション性は、20世紀型のフルプロフェッションなんです。そして、生成ＡＩに取って代わられたあとのフルプロフェッションが、実は看護師、教師、ソーシャルワーカーの領域なんです。つまり、人ときちんと結びをつくり、関係性を築き、その人（対象者）がエンパワーメントされるように支援していくこと。

勅使川原さんが、本来賢いはずの外科医ではなく、スピリチュアル系整体師にハマったのは、そのスピリチュアル系整体師の学問的要素ではなくて、高いコミュ力、聞く力だったわけやないですか〔『「能力」の生きづらさをほぐす』第9話〕。

逆に言ったら、スピリチュアル系整体師しかそれを持っていないというのがおかしくて、本来、看護師や医師に求められていたのは、そこの部分——話を聞いてくれる力だった。

勅使川原 そうです、まさに。いやぁのっけから真理を突かれて参ったな。

竹端 だから同じように、実は教師が求められている力も、スタディサプリ〔リクルートが運営するオンライン学習サービス〕がある時代には変わってこないといけない。標準化・規格化した学びだったら、携帯やタブレットで動画を見たらいい。その上で、動画で再現できないものを先生が提供できるかどうか。それが問われている。

だから今、すごくしんどいのは、これまでも学校の先生は能力主義的に求められてきたけど、その中身がガラッと転換しているときだということです。

これは実は、私たち大学教員も同じ。知識の伝達だけなら、パワーポイントを使って動画で講義を流せばいい。それに基づいて、どうその場で議論してもらうのかが肝です。まさに反転学習。

でもそれが、大学教員にできるか、できているかと言えば、そうではないです。だって、教員自身が一方通行の授業しか受けたことないから。

これは妄想も入っているかもしれないですけど……結局、勅使川原さんの能力主義の解きほぐしが求められているのも、時代の価値転換期である今、何を指針にしていいかわからないという人が多いからだと思うんです。

教員の専門性の転換について補足しましょう。おそらく学校教育は、教科教育こそすべてと思い込まれている。でも、この生成AI参入の転換期に先生に求められるのは、一つには、そういった標準化・規格化された学びにのれない子、落ちこぼれる子、しんどい子をひろい上げて、わかりやすく教えること。そしてもう一つ大事になってくるのは、それこそ一人ひとりの個別性だとか、主体性に見合った学びの場をどう提供していくかです。

でも、学校の先生は、教科教育をどううまくやるのかで査定されている現実がある。その教授能力が評価対象なわけです。

勅使川原　教科教育と、あと他の先生とのお話でも出ますが、そろえるとか、整える、まとまるということばで表されるような規範も論点になりそうですかね。

竹端　「集団をそろえる」という能力観も、20世紀型モデルですよね。つまり、昭和型の集団管理型一括処遇。

これは私が研究対象にしている精神病院も一緒です。精神病院と工場と学校は同じモデルなんです。少人数で多くの製品を生み出したり管理しようとする。小学校の40人一斉型教育は、そもそもが工場で標準的・規格的な労働をできる人材を生み出すためのもの。明治時代に日本に輸入された教育モデルです。それ以前、江戸時代の寺子屋は、一斉授業もしないし、学習内容も人それぞれで、絵巻物とかを見ていると、学級崩壊のような自由気ままな授業風景で、みんなわちゃわちゃだった。

そう考えると、明治以後の日本は教育の標準化・規格化を大成功させて発展してきたんです。でも、今、その大成功した代償をすごく払っている。それが、一つには子どもたちの不登校という形で表れています。「こんなところに行きたくない、行けない、いられない」と。

当然、先生はめっちゃ大変だとは思うんだけど、その異義申し立てに対して、今の学校は、不登校の子のための特別の学校（不登校特例校）をつくるという、まるで特別支援学校をつくるのと同じ論理で対応していますよね。

勅使川原さんの論で言うところの、「能力で切っていて機能として見ていない」構図になっています。本来は学校においても、能力でなく機能の集まりとしての「チーム学校」みたいなものをどうつくっていくのかを考えたほうがいいと思うんです。大空小学校初代校長の木村泰子さんが言っていることとも重なるんだけど。

勅使川原　居場所を区切ってね。「個々に当たり前に凸凹とした機能を持ち寄って集まる」、できていないですよね。

むしろ、「まとめる」とか「そろえる」とかは、たぶん学校では指導力という力強い定義になっていますね。

竹端　さて、そこで勅使川原さんの本業の組織コンサルタントとしての知見から聞きたいのだけど、「教師はもっと指導力を」と言われたりするけど、そもそも指導力って何でしょうか?

勅使川原　いや、本当にそれなんですよ。「教師はもっと指導力を」言説は、まさにビジネス文脈の「経営者はもっとリーダーシップを」言説と相似形です。つまり、一見すると違和感を持ちにくいけれど、よくよく考えると「指導力」って?　「リーダーシップ」って誰かこの目で見てメスシリンダーか何かに入れて測ったことあるんですか？という感じになってくる。曖昧なことばでもって問題を個人化し、事態を煙に巻いていると思わざるを得ません。

著書や取材などで、繰り返し述べてきたことなのですが、組織が何かしらうまくいっていないとき、それは人と人や人とタスクの組み合わせに問題があるときなんですね。ですが、組み合わせをもっと試行錯誤しよう、と言っても、現組織で偉い人ほど顔をしかめる。個人に能力を求めて、「はい、できないでしょ。駄目だね。課長への昇格はないですね」だったり、学校で言えば「あなたはもう少人数の支援級に行ってください」という感じのほうが手っ取り早く事態に「対処した」感が醸しだせる。

でも、問題解決風なだけで、個人に良し悪しをつけ、時に排除を正当化したところで、組織は変わらないんですよね。学校にせよビジネスにせよ、その問題の個人化からなかなか抜けられない。

竹端

全員がそうとは言いませんが、学校の先生の中には、問題の個人化で勝ち抜いてきた人も少なくないでしょうね。それも、楽勝で適応したんじゃなくて、歯を食いしばって適応してきた。だから、適応できない子＝歯を食いしばれない子やと思ってしまう。

勅使川原　そうですね、それはあるな。適応できた人たちが指導的な立場になったり、企業でも「うまくやれた人」が組織の階層上位にいることが多いです。

竹端　「どうして黙って聞けないんですか。これぐらい我慢しなさい。私も我慢しました。親に『ちゃんと頑張りなさい』と言われて、ちゃんと育ちました」。

勅使川原　「やりたくない？　そんなのわがままです」。

竹端　でも、僕が福祉の世界で見ていると、結局、「問題行動」とか「困難事例」というのは、「苦しみ」を「苦しみ」として表現できずに「苦しいこと」として表現しているわけです。荒井裕樹さんが言うように（『生きていく絵』亜紀書房、2013年ほか）。

「自分が抱えている「苦しみ」の中身は説明できない（それは複雑な人間関係が絡むから説明できなかったり、そもそも言葉にすること自体が難しかったりする）。しかし、いま自分が大変な状態にあり、「苦しいこと」は分かって欲しい――。人間が直面する「苦」は、このように重層的で複雑なものなのだと、あらためて考えさせられたのである。」

「生き延びるための「障害」――「苦しみ」の行き場がない社会」（荒井裕樹）

勅使川原　例えば朝から学校へ来られへん。教室の中を徘徊する。あるいは出て行ってしまう。それは全部、「苦しいこと」です。あるいは最近は小学生でも出始めたけど、中高生に多いリストカット、オーバードーズ（医薬品の過剰摂取）、あるいは校内暴力。これらは、自分の生きづらさや「苦しみ」をわかってほしいけど、ことばで表現できないので行動化した「苦しいこと」の表現であるのだと思います。

そう思うと、昔の「盗んだバイクで走り出す」のは、ものすごくわかりやすい反抗の仕方でした。あるいは暴走族になることによって、集団的に表現することができた。今は、それすらできないような状況に追い込まれています。「苦しいこと」の個人化は、めっちゃ苦しい。

勅使川原　行き場がないですね。集うことすらできない昨今。

対話のなりゆき

竹端　かつ、大学で教えているなかで感じるのは、この10年ぐらいで同調圧力はゆるまるどころかきつくなっているということです。その根源は、結構、小中学生のときからも来てるはず。学生に聞くと、小学校中〜高学年から、中学校あたりの統制はきついみたいに言う子が多いです。

「自分の意見を好きに言っていいよ」と言ったら「言えません」と答える子がいて、「なんで言えへんの？」と聞いたら、「だって、先生、思い出してよ。道徳の授業のときに、『はい』って自分の意見を言ったあと、先生はムッとするんよ。何でムッとするかわかる？　先生の机の中には、ホワイトボードにペタッて貼るものを用意していて、そのホワイトボードに貼る道徳の『正解』と違うことを言ったら。先生がムッとする。だから、結局先生が認めてくれる発言しか自由にできないのです」と。「先生が思うことを言わなければいけないんだ」と、忖度するようになるんです。

中学校では、高校受験がありますね。内申点として、いわゆる態度点が含まれるとなったら、忖度能力をものすごく研ぎ澄ましていくことによって学力が上がると思い込んでしまいます。実際、そうやって高校受験もサバイブできてしまった。そういう「成功体験」があると、大学生になって今さら「自分の意見を言え」と言われても苦しい。

勅使川原　そうかもしれない。

うちの息子の話なんですけどね。学活の時間にいろいろな意見が闊達に出されて、一つの結論にはまとまらないうちにチャイムが鳴ったらしいんです。そしたら先生が「……というわけで、今日の話はこうこうこういうことでしたね」とまとめたそうで。それに対して、教室の後ろから息子がトコトコと前に歩いていって「それぞれが考えて出した意見に対して、最後に先生が結論のように話し合いをまとめるのは違うんじゃないか」と言ったみたいで、放課後に学校から私に電話がかかってきました。そんなこと初めて言われたと。

竹端　ここは実は大事なポイントだと思います。学校の先生には、「まとめなければいけない」という、なにか強迫観念があるんじゃないかと思う。

勅使川原　これも、「まとめる、そろえる、整える」。

竹端　そう。これはどういうことかというと、それ以外に対話（ダイアローグ）の仕方を知らないんじゃないのかと思うんですよね。

精神科領域での新たな治療や介入のあり方として、オープンダイアローグという手法があります。オープンダイアローグを学ぶ以前は、僕自身も「対話はファシリテーターがまとめなければいけない」と思い込んでいたんです。だから、授業も含めてまとめようとしてきた。

でも、まとめようという力学が働いたときに、必ず勅使川原家のお坊ちゃまのような存在が現れるんです。そのときに、僕はそれまで、そういう相手を抑圧していたの。「それは違う」とか、あるいは無視するとかして、自分の目指す一定方向にそろえようとして。でも、そうするとますますその子はバーっと言ってくるから、そこでガチでけんかしたことだってあるわけですよ。300人の研修とかでも構わず（苦笑）。

つまり、今ここで出された内容を、教師がそのものとして受け止めずに、それよりも授業計画に縛られてしまうんです。でも、ダイアローグで大事なのは、今ここで生起すること・ものにチューニングするところなんですよ。

もちろん、授業計画や教案は大事です。今日の授業の中で、45分でここまでしたいというめあてや目標がなければ、授業は迷宮をさまよい続ける。でも、それを打ち破るような人や話が持ち上がったときには、教案を信用しているのか、目の前の子どもたちを信用しているのか、どっちなのかが問われる。

もしその子よりも教案を信用していたら、その子はクラス全体の調和を打ち破る「問題児」とラベルが貼られ、保護者のところに電話を掛けて「おたくの子どもはどうなっているんですか」という展開になる。でも、本来、先生に求められているのは、「今ここ」で子どもたちとの間で生起したものを大切にすること。教案はあくまでも「案」です。

それから、オープンダイアローグではもう一つ大事にしていることがあります。「不確実さに耐える」「不確実性への耐性」です。そして学校の先生がいま一番怖いのは、たぶん不確実性なんです。

これは大学教員でも同じですよ。先日、授業をしているときに、「先生は、私たちの発言を勝手にまとめすぎではないですか」と、200人いる教室で1年生が言ってきてね。うれしいんだけれど、14時半までの授業で14時25分にその発言が出た。

そこで、あと5分でオチをまとめようと思っていた自分と、不確実性に耐えようと思い直す自分が葛藤するんだけど、そのときは「しゃあないけど、ここはぼく自身の実力が試されているぞ」と思って、「じゃあ、あと5分しかないけどどうしよう」って学生と向き合った。「君は今日のこのやり方が嫌やった?」「このやり方は好きです」「えっ、この対話のやり方は好きなん?」「好きやけど、みんなが先生の方向にまとめられているような気がして嫌なんです」「ほな、どないしたらええ?」「う～ん、よくわからないです」というようなことを言いながら。

最終的に、僕は授業の最後に、「今の彼の意見も含めて、僕はまとめません。まとめるのは皆さんの仕事なので授業のレポートでまとめてきてください」としました。すると、「その子の意見にめっちゃ賛成した」とか、「そうは言っても私はタケバタの言っているほうがいいと思った」とか、いろいろな意見が出てくる。

つまり、場の力を信じるというのは、先生だけでつくり込みすぎるのを手放せるか、という話でもあるんですね。

確かに、教科書や指導書の枠組みがきっちりあるところを崩すのが怖いというのもあるかもしれないし、もっと言えば、保護者に「ちゃんと教えてください」と言われることもあるわけですよね。「この単元が終わらなかったのはどういうことですか。教科書のここが進んでいなかったのはどういうことですか」と、他のクラス担任や塾と比較されたりして。

勅使川原　みんながみんな規範を抱えていますよね、確かに。「よくわからないです」「私が教えるんじゃなくて、みんなが思っていることを出し合えてよかったですね、はいおわりー」とは言いにくいですもんね。

竹端　でも、やっぱり、生成ＡＩとスタディサプリの時代において、たぶん、ほんまもんのリアルな対話で求められていることは、わかることを処理することではなくて、わからないことを共に考え合うことだと思うんですよね。

勅使川原　「わからない」と表明するとか。

じゃあ、学校でどうしよう？

勅使川原　「よくわからないです」みたいな宙ぶらりんは、能力主義的に言うと表明しにくいですね。学校の先生は「わかって当然」の存在だと思われているし。

竹端　うん。でも、勅使川原さんが組織開発のコンサルタントとして働くなかでは、特に企業の社長さんとかに呼ばれたときに、よく似た状況があるんじゃないですか。つまり、彼らがよくわからないものを「よくわからない」と言えるように応援する。しかもそこで、社長さんたちには「わかりやすい関係をつくれ」とか言われたりしながら。そこはどうしているんですか。

勅使川原　うーん、どうしているかな。それこそ私がまずもって、わからないふりから入っていますね。現に、支援先の会社さんの経営や事業の内実は彼ら・彼女らがよく知ってますから、私はよく見て、よく聞いて、教えてもらわなきゃいけない。
ただそれだと社員と外部の人（外部コンサル）という分断された図式になりそうなので、社員のなかの輝かしい「よくわからないです」パーソンを発掘することから始めたりします。

竹端　なるほど。もうちょっと詳しく教えてくれますか？

勅使川原　社内に既に、凸凹とした機能を持ち寄ってみんなでなんとか仕事をまわしていこうよ、というのを静かに着実にやってきている実践者が必ずいるんです。先駆者というか。だから、スポットライトの位置を、声が大きくて「優秀」風の人から、そうした立役者にちょっとずらす感じです（笑）。
「あの人って、脱力しながらも協働によって成果を出していて、面白いなぁと思うんです。ご一緒にもう少し解剖してみませんか」という感じで進めます。

竹端　でも、その人は会社の中で「問題社員」のラベルを貼られていたりしないの？

勅使川原　あぁ、しばしばありますね。あと、昔は歯を食いしばっていて、病んでしまったことがある人とか。

竹端　「会社のルールや方向性とは違うことをやり出している人」みたいに、あまりポジティブでないラベルを貼られている、と。そこを勅使川原さんはどんなふうにラベルを貼り替えたり、見方を変えたり、それを社長にも促したりしているんですか？

勅使川原　あっ、「会社のルール」と「方向性」って、一致しないと思っていて。前者は慣習、文化なんですよね。気づいたらパターナリスティックな硬直化した組織になっちゃったな……とあとから気づくもの。逆に、後者は、ビジネスの内外の環境を含め、「こっちへ舵を切りたいよね」と未来に対して思っていること。

で、私がスポットライトを当てる「外れ者」の皆さんは往々にして、みんながやらないことをやっているから社風的には白い目で見られている。でもその「尖り」こそ、未来を現在の延長線上だけでなく創造したいのなら、必要だったりするわけです。「みんなと一緒、つつがなくやれればいいですよね～」という会社には刺さりませんが、いまのままではまずいな、と思っているところだったら、「この出る杭から学ぶことは多くないですか？」と、すかさず差し込む。そうやって、景色をがらりと変えるのではなくて、調光するようなイメージですかね。参照先を変える。

竹端　でも、それを社長は理解してくれるんですか？

勅使川原　変わる必要性を感じていない経営者からはご依頼をいただかないですね。「今のまま行ってもうまくいきそうにないですよね」を合意したところから、テッシーの職場の「常識」脱構築コンサルは始めさせてもらっているのかもしれない。

竹端　なるほど。それを学校経営に置き換えると、校長先生にどう理解させるか、ですね。でもこれがきっと、めちゃくちゃ難しい。校長先生自身も、上に教育委員会、文部科学省とあって、中間管理職的な立場でもあって。

勅使川原　しかも、学校文化のなかでも他の追従を許さないかの、超歯を食いしばってきたマッチョな人が残っていたり。

竹端　難しいかもしれないけど、でも学校現場は校長がそこを理解してくれないと、教員個人が一つの方向性から逸脱したり、離脱することが許されない組織でもある。それをどう変えられるか。

勅使川原　私の本のイベントに来てくれる学校の先生もいらっしゃるんですけど、そういう人たちは、学校全体でみると相当な「変わり者」ということかもしれません。でも大変真摯に学校や教職と向き合っていらっしゃる、切実さを抱えた方々です。

竹端　間違いなくそうだと思う。息苦しさを抱えている人。

勅使川原　息苦しさ、なんなら現状の学校や教職に「傷ついた」と自覚した瞬間が、変革の足掛かりということかもしれませんね。

価値の学び直しは可能か

竹端　先生ってそんなにしんどい仕事である必要は本来ないよね、とか、先生になったときはもっとおもろいことをしたかったよね、とか、なぜそうではなくなったの、とか。

それが問われるべきなんですよね。

学校の先生たちが、子どもたちに教えながらも、自分自身の学び直しとか、苦しい価値から脱却ができるか。価値観が問われるのはものすごくしんどいことだから、価値の問い直しはできればみんなやりたくない。デフォルトで「そういうもんや」と思っているほうがずっと楽。でも、それでは授業がうまく成立しない状況になっているわけですよね。だから、しないほうが楽でも、しないわけにはいかない状況。

でも、じゃあ学校がどうしているかというと、問題を個人化する動きなんです。「問題行動や逸脱行動が多いですよね。昔はクラスに1人だったのに、今は3人とか5人いますよね」という言い方で。構造とか前提じゃなくて、個人の問題として提起している。そのアプローチでは解決しない。

勅使川原　そうですね。たしかに、価値の学び直しには行っていないですね。

竹端　そこで勅使川原さんに求められているのはきっと、ある種の汽水域のような領域からの知見です。

さっきの企業へのコンサルティングに戻ると、「このままではうまくいかない、でも、このやり方しか知らない。ここから転換するのは怖い」そういう会社にはどうしているんですか？　まさに学校現場であり校長、あるいは教育委員会がそういう状況だと思うんだけど、どういうアプローチや応援をしている？

勅使川原　確かに。そういう「恐れベース」、不確実性に耐えかねている人に対しては、私はあまり使いたくないけど、奏功しやすいのは前例の提示ですね。

たいがいそういったケースでは「規範的な指導力にかけて縛っていくやり方では
ないほうがうまくいったケースって本当にあるんですか」みたいな迫り方をされること
が多いので、当該の企業と同じ業界だったり、同じ規模感だったり、ある程度類似点
を示しつつ、前例を話します。「もう、これをやってみるしかないです。ひいてはあ
なたも楽になります」でやることが多いかな。

竹端　学校は前例をどう受け入れているんだろう。首都圏で言えば、世田谷区立桜丘中学校とか、千代田区立麹町中学校とかは、その前例になり得るのか、それとも？

勅使川原　どうでしょう。研修や講演に呼んでいただいてお話しした感じでは、そういう前向きな前例というよりは、「○○中だから／○○先生だからできる。自分たちにはできない」という受け止めのほうが多い気がします。輝かしさが前面で。

竹端　二者択一の思考なんですよね。でも、本当は「うちは麴町中学校ではない、大空小学校ではない、だからできない」というものではないのよね。

勅使川原　それもある意味で能力主義的というか、それぞれの校長先生や先生の能力、そういう人のリーダーシップのおかげだと位置付けられてしまう。つまり、「できない」というときでさえ、能力主義が参照される。

竹端　ここをどうやって越えられるんだろう。できないときにまで能力主義が参照されるというのは。
つまり、「できない自分」を序列の中で位置付けてしまって、そこから抜けられない。「できない百の理由」も能力主義的に定義してしまうところから離れないと、たぶん逃れられないですよね。

勅使川原　そこは教育の世界と労働の世界では違うのかもしれないですね。
企業だと、自分の任期も社長の任期も切れてしまう、という切迫感があるかもしれない。そうなると、「このままやっていたら確かに駄目だな、結果が出ないな」と。

成果がわかりやすいというのもある。

竹端　要は、「営業利益で出てこないです、おたくの会社は潰れるかもしれません」っていう。

勅使川原　しかも、自分の代でこうなっちゃった、とか危機感しかないですよね。その意味で、教育で危機感を直視してもらうのはなかなか難しいですよね。

竹端　適切な現状認識に基づく「危機感」を抱いてもらうことは時に大切だけれど、恫喝や脅迫めいたやり方で相手を恐怖に陥れるのは、ただのハラスメントになってしまいますよね。

勅使川原　本当にそうかもしれない。「べき」で迫れる限界がありますよね、「恐れベース」のときは特に。組織開発を企業でやるときは楽しそうにやっています。「こういう悲壮感のない世界があったんだね。昔を思い出したよ」と言う人が確かにいます。

実存とつながり直す

竹端　たぶん、勅使川原さんがやっていることもそうやと思うんですが、本当は語り直すことによって、肩の荷を下ろすことができるのですよね。勅使川原さんみたいな外部者が入ることによって、何かを語り直したり、思い出したりする。硬直したストーリーをひらいていくために。

学校の先生にはそういう機会が決定的に欠けているかもしれない。本来、学校の先生になりたいと思ったときに、自分なりの動機、自分なりの物語があったはず。でも、その物語と、今、学校で汲々と管理統制をしなければいけない立場の自分の物語が接続しているかといったら、していない。実存がつながっていないのよね。

たぶん大事なポイントは、その人の能力を高めることよりも、現実とその人の実存とをつなぎ直すことのほうです。それはたぶん組織開発でも一緒でしょう。

勅使川原　一緒だ。実存をエンパワーしようとか、その人の存在を承認しようというのは大事な概念ですよね。

ただ、同時に思うのは、それを直で取りに行くことは結構難しいんですよね。『職場で傷つく』（大和書房、２０２４年）の中でも「謝意から始める組織開発」という形で示したのですが。

だから1回、「う〜ん、しんどかったです」という傷つきを認めることのほうが、う回しながらに見えるけど近いのかなと思ってます。

竹端　傷をなめ合うためにそれをするんじゃないし、子どもたちの前でできないことを言い訳するためにするのでもないのよね。

自分の実存のありようと、よく言われる「できること、したいこと、世間から求められていること」の3軸がバラバラになっている。だからつなぎなおす。

勅使川原　リクルートのwill-can-mustフレームワークですね。

竹端　それこそ人材業界は、「この3軸を各々うまく合わせなさい」みたいに言うんだけど、それは実存の核、つまり自分は何者で、どんなふうに生きてきて、今どうしたいのかみたいな核と、「できること、したいこと、世間から求められていること」とをつなげないと意味がないんですよ。実存的問いとも言える。

それは学校の先生なら、「自分は何がしたくて子どもの前にいるの?」とか、「その関係性はどうありたいの?」とか。きっと器用貧乏な人ほど、そこがつながらないままやれてしまうし、やってしまっている。
そしてここで僕がもう一つ気になるのは、「先生としてそんなことを考えたらあかん」と思っている学校の先生が多いんじゃないかということ。

勅使川原　多いと思いますね。しかも働き方改革で長い会議もできなくて、そんなことを話す場もないですよね。さっきの昔の暴走族の話じゃないですが、あまり集えないのかもしれない。集わせてもらえないわたしたち。

同調圧力と「違和感」

竹端　この問いは、言い換えると「先生一人ひとりが批判的な主体として生きているの?」ということなんです。
誤解がないように先にお伝えすると、他者を否定や非難することと批判的思考を持つことは全くの別ものです。でも、同一視している人が多いよね。批判的思考とは、簡単にいえば「現状を鵜呑みにせず、別の可能性を想起すること」。頭ごなしに他者を非難するのではないから、お友達と仲良くもできる。ただ、是々非々の関係を結び、ちゃんと楽しくしゃべりながらも、違うものは違うと意見も言えるのが批判的思考です。でも、「他者を非難・否定すること」を批判的思考だと勘違いしている人は多い。それって、道徳的な規範に縛られているんですよ。

だから僕は、これは道徳と倫理の違いなんじゃないかと思っていて。道徳は、「他者がこうしてはいけないと言うから、してはいけない」。それがここでは「非難をしてはいけない、他人を傷つけてはいけない」があたる。一方で倫理というのは、「自分の中でこれはしたくない」とか、「これはおかしいと思う」という軸。

この倫理のほうを大事にしたときに、「自分は倫理的にこう思うねんけど、勅使川原さんはどうですか。私は勅使川原さんの言動について、何か違うような気がします。でも、それは僕だけで決められないので、勅使川原さんがそう発言や行動される理由を教えてください」みたいなやりとりがちゃんとできる。これが、本来の批判的思考の背景にある倫理的なふるまいやと思うんだけど。

でも、学校の先生は道徳的なところに抑え込まれてしまって、批判的思考やその背景にある倫理的なふるまいを見失っているというか、それよりも道徳だけで何とかしようとしてしまっているように見える。むしろ、行き詰まっているのもその道徳的な同調圧力のせいなのかもしれないですよね。

勅使川原　おっしゃるとおりですね。

竹端　道徳的同調圧力で生きていると、先生や目上の人が言っていることが正しいという価値観で、そうなっているかどうかを評価することだけで生きていくから、自分の頭で考えない。それどころか、自分で考えてしまうとその集団の中で浮いてしまうという構造があるかもしれないし。

人を育てる現場でこれだけ「主体性」とか「自立」が叫ばれるのなら、それを子どもに求める前にまず教員（自分）が主体性を発揮して自立できているのかが重要ですよね。学校の先生が実存とつながるには、たぶんそこが肝になる。

直感で「これはあかん」「これは違う」と思ったものについて、それってどういうことかを批判的に確かめることができているのか。

勅使川原　その入り口は、怒りまで行かなくても違和感でいいような気がします。モヤモヤとか。でも、違和感を持ったら負け、みたいな風潮にもなっているじゃないですか。流せることが人間の器だ、とか。

竹端　違和感を持ったらややこしくなってしまうから。違和感を持ったら、そこから余計なこと言ってしまわないか怖くなってしまうとか。でも、その発想自体がおかしいですよね。

勅使川原　でも、これは面白いな。教育の話をしているけど、企業文化で言っても、私は違和感を持ちまくる野郎だったので、やっぱり外れ者でしたね。日本において違和感を表明できる場って、あるのか？

ケアは「余計なもの」

竹端　逆に今、時代の転換期において、そういう違和感を口に出せるような組織をつくっていかないといけなくなったんですよね。「ケア」が今こんなに大事にされる背景にあるのはそういう必要性だと僕は思っています。

勅使川原　心理的安全性とか、一応その文脈だったはずなのに、「何も言わないこと、何も感じないことが良いこと」にスライドしやすいですよね。

竹端　うちの学生が「心理的安全性は嫌いだ」と言って、それで卒論を書きました。心理的安全性を最初に提唱したエイミー・C・エドモンドソンの本の中には、心理的安全性と目標への意識の2軸があって「心理的安全性が高くて目標への意識が高いのが、生産性の高いチームだ」としている。

それに対して学生は、「生産性と関係なく心理的安全性と言ってほしいねんけど」と思ったそうで、卒論にまとめました。

経済界では、「心理的安全性は怠けではない」とかも言われますけど、生産性という尺度でもって「こういう対話は良くてこういう対話は駄目」という線引きをしている時点で、なんだか、もう終わっている気がしてしまう。

勅使川原 馴れ合いとか言われたり。良し悪しありきですよね。

竹端 つまり、生産性とひもづけない心理的安全性が確保されたほうが生きごこちはいいんですね。でも、今の組織においては、その組織の目標に合致する限りにおいてはそれをしてもいい、という条件付けになっている。

勅使川原 最近、私は能力主義も「ケアする範囲を絞る道具」だと言うようにしています。ケチられるケア。それには同意してもらえますか。

竹端　もちろん。

勅使川原　それで、何でケアの範囲を絞らないといけないのだろうと考えてみると、ケアって、するると減るものだと思われているんですかね。

竹端　ケアって「余計なこと」と思われているのかも。僕が一番気に入っているケアの定義は「ままならぬものに巻き込まれること」なんですが、ままならぬことに巻き込まれていると、やらなあかん範囲が予測不可能に陥るんですよ。だから「余計なこと」なんです。

企業であれ、学校であれ、当然、一定のＰＤＣＡサイクルの中で回っている。でも、そもそも、ＰＤＣＡサイクルを人間に当てはめること自体が問題なんですよ。ＰＤＣＡって工場における製品管理モデルだから。それでもなんとかＰＤＣＡサイクルを人間に当てはめて予測可能なものに縮減しようとすると、真っ先に切らないといけなくなるのは、ケア関係です。それを切ることによって、予測可能になる。

勅使川原　でも生きるって本来、予測不能ですよね。

竹端　そうなんですよ。だから、ややこしい子は通級にしましょう、特別支援学級に行かせましょう、発達障害の診断を受けてもらいましょう、薬を飲んでもらいましょう……というふうに排除していく。それで予測可能にしたいわけですよ。
学校は本来、そういう予測不能な集団をより予測可能に変えるための場所ではないはず。予測不能な子どもたちとともにいながら、その子たちがエンパワーされながら、自分で主体的に人生を切り開いていくのを応援する場所のはずですよね。
でも、教科教育が主になって、学力テストでよその県より点数が上がることが大事になると、そんなものは二の次、三の次、四の次になる。

勅使川原　これは、学校や先生のＫＰＩ〔組織の目標を達成するための重要な業績評価の指標〕が合っていないということですか。

竹端　うん。だって、それを評価できる？

勅使川原　そうですよね。つまり学校や先生のＫＰＩは、わかりやすさに絡めとられた状態ですか。

竹端　もっと言うと、文部科学省の予算にひも付いているとかでしょう。文部科学省と国会議員は、スライド1枚に落とし込まれた形でニーズを示さないと、お金を出してくれない。でも、現場の生きる力はスライド1枚とKPIになんか落とし込めっこない。そんなにわかりやすくないですよ。その意味では、わかりやすさの言語を変えなあかんということかな。

これまでのわかりやすさとは、「成績が上がりました」「問題行動が収まりました」などのように、標準的な良さという枠の中に入ることを指していた。だけど、今後はその評価軸とそれに基づく言語を変えていく必要がありますね。

わかりやすさに口をふさがれないために

勅使川原　何かアイデアはありますか。

竹端　組織開発のところではどういうふうにしているんですか？

勅使川原　自分が好きなのでよく使っちゃうのは、「ねじれ」ですね。冒頭でも、人との結びをつくるという話が出ましたね。結びをつくる、つまり関係性をつくろうとすると同質のわかりやすいものを求めるんだけども、異なる他者が居合わせている以上、いつもそこにはねじれがあるんだという話を最初によくよくしておく必要があると思います。糸は端から絡まっているのだ、と。

だから、きれいな糸を「はい、編み込みましょう」なんて言う前に、絡まり、ねじれた糸をほぐすところから始めないといけない。それが、「まずは他者の他者性を理解しよう」という話だと思っています。そこにこちらがある程度強引でも持っていく。多少強引でも。そういうことをやっているかもしれない。

竹端　でも、「異質な人と付き合うとコストがかかる」とか、「同質な人といたほうが楽しいやん。なんで異質な人と付き合わなあかんの」と問われたとき、勅使川原さんは何て答えると思いますか？　僕も実際に学生に言われたことがあんねんけど。

勅使川原　うーん、逆に同質の心地よさに問題はないのか、気づいてもらうとかですかね。楽しいことはよいことだけど、何かを享受しているときは、何かは見落としたり、失ったりしているものだよね？　と振り返る対話をしたりもします。同質性によって組織生産性が6か月後に何パーセント下がる、とかってデータを見せたほうが納得しやすい人にはそうしたり、社会心理学の社会的手抜きを示すデータを紹介したり。阿吽の

竹端　呼吸ってそんなに素晴らしいのか？　ディスカッションしたり。

勅使川原　本来の社会って異質な人たちの集まりのはずなんだけど、学校だとか職場組織においては、同質なふりをせざるを得なくなっていますね。

竹端　でも、あくまで同質なふりなんですよね。

勅使川原　それができない人は空気が読めない、劣っているとか言って、いじめられたりする。コミュ障とか。あ、それ私だ。KYってどれだけ言われたか。

竹端　でもそれって逆説的でもあって。そういうKYの人のほうが結局今は売れてしまっているのはどういうことなの、という話なのよ。

勅使川原　今は、っていうことでいいんだと思いますけどね。状態の話。別に社会の真理が変わったわけではなく、話題性としてライトの当たり具合がいまこっちを向いているだけ。社会には端（はな）からいろんな人がいて、みんなそれぞれの凸凹が必要で、往々にしてないものねだりをしているのですよね。

例えるならば、拙著でも初作から一貫して描いてきた「走る車」の例でしょうか。一人ひとりがかっこいいスポーツカーにならなくてよくて、ブレーキ的な要素が強めな人、方向指示器的な人、がんがんにアクセル役……とか、いろいろいて、問題はそれを組み合わせて、チームとして総じて、安全に走る車になっているかどうかです。ただみんなすべからくわかりやすい話が好きだし、飽きっぽいしなので、「いまの時代はアクセル！」などと言い切ってしまう。昨今もてはやされがちな「主体性」とか「リーダーシップ」なんてのも、それだけのことです。

もし私が本当の変わり者で大学に行っていなかったら本は出せていないよね、とか言ってくる人もいるくらいですから。

竹端　それって、「あなたはしょせん枠組みの中に入っているでしょう」と言うことによって、自分が枠組みの中から出られないことに対しての免罪符を得ようとしていますよね。

勅使川原　正当化かもしれませんね。誰しもみな自分がかわいいですから。

竹端　そこで勅使川原さんに聞きたい問いなんやけど、どうやったら他者比較の枠組みから抜けられますか。学校にまつわるいろんな問題において最大のがんの一つがここだと思う。

これを言うと学生は必ず、「でも、他者比較して、できた・できなかったということがあるから、私は成長しました」と言うねんけど。

その枠組みからどうやって抜けられる？　必ず言われますよね。「そうは言っても勅使川原さんは賢いでしょう。受験勉強に勝って、一流の外資系大手コンサルティングファームに入って、全部、競争の中で勝ってきたから、あなたはこんなことが言える。勝ち組のくせに『他者比較するな』なんて、そんなうさんくさい。あなたは実際に勝ってきたのに。あなたに負けた人はいるじゃん」みたいな批判にどう答える？

勅使川原　いやあ、本当にそうだよねと。そうなの？　そうか。そうなのか？　そうですね、なんとなく見えているのは、他者比較を考え直すときには断定の癖を考え直さなければいけないだろうなということ。と。何かないかな。

例えば能力主義がなぜしんどいかというのを『職場で傷つく』にまとめたのですが、次の三要素から成ると考えているんですね。

①本来は移ろいゆく状況、状態の話があたかも固定的な事実として断定される。②断定すると何がいいって、他者比較の準備が整うわけですよね。固定的な「その人らしさ」「能力」を他者と比較する。③その上で、水平多元的な多様性ではなく、垂直序列的に並べられた人間観が整ってしまうわけです。でも、これが能力主義の歪みだと考えています。

だから、問題はこの最初のステップである、状態の話を「断定」してしまう人間の性（さが）自体にあるんじゃないかと。

どうすれば動的評価を実現できるのか

竹端　そうなると、動的評価ができるかどうか、ですよね。

現状は、静的モデルでの評価になっていて、ある時点でのペーパーテストで何点取ったかが評価対象となる。入試が現にそのように成立していますね。

でも、本来は人の能力って、関係性の中でその良し悪しが決まったりするはずですよね。好きな先生のときは点数が高いんだけど嫌な先生のときは下がったりとか。

本来、関係論的で動的なものなのに、静的なものにしてしまうから比較可能になってしまう。そう見えてしまう。

能力主義は
なぜ人を傷つけるのか？

1 断定

本来揺れ動く状態なのに、「あの人は優秀」「あなたは能力が低い」と言い切ってしまうから。

2 他者比較

「○○さんはできているのにあなたはできていない」という無限の背比べ競争を正当化するから。

3 序列化

勝った人はまた勝つために競争し、負けた人も今度は勝てるように競争し、1つでも上位に行きたいと思わせるエンドレスなしくみをつくるから。

勅使川原真衣（2024）『職場で傷つく』大和書房、P.126よりそのなかで、動的評価って、どうやったら取り戻せる？

勅使川原　その時々に双方向的にお話しすることなんだよな。

竹端　もうちょっと言って。どういうこと？

勅使川原　企業だと、半期に一度とか、もっと言うと1年に一度の目標管理面談で、スナップショット的に切り取られたパフォーマンスの良し悪しについて語らされますね。でも、そうではなくて、1週間とかの単位でいいので、「この間のあのとき、ちょっと迷っているふうに見えたんだけど、もう少し前もって聞いてもらうことって難しかったかな」「ああ、その件ですけど」みたいに、双方向的に話すとかですかね。

竹端　ちなみに、それって1人の上司が何人の部下に対してできる？　サイズ的にどれぐらいのサイズで？　上司1人につき、部下100人やったらできますか？

勅使川原　なるほど、コストがかかるな。……とても部下100人で1週間では回せない。40人……も、管理業務以外が回らないですね。せいぜい10人ぐらいだと思う。

竹端　でしょう。実はここなんです。学校はクラスサイズが大きすぎる。

OECD加盟国の小学校のクラスサイズの平均は21人〔OECD『図表でみる教育2024年版』〕。つまり、いま勅使川原さんが言ったようなフィードバックをきちんと回し続けようと思ったら、クラスサイズは15人とか20人にせんと無理なんです。

子どもたちにとっては、断定されて点数なんかで表現されなくていいんです。そうじゃなくて、例えば学級に15人ぐらいしかおれへんかったら、先生が適切なフィードバックをしてくれる。それが必要なんです。

田舎出身の子はみんなそう言う。「私らは別に成績なんか関係なくて、ちゃんと先生が毎回見てくれてフィードバックしてくれたからよかった。でも、恐怖に思ったのは中学校に入ったとき」だと。四つ五つぐらいの小学校からひとつの中学校に子どもが集められると、クラスサイズが一気に40人規模になって、全然フィードバックがもらえなくなる。それがすごく怖かったそうなんです。

だから、僕は今の日本の学校システムの大きな元凶はクラスサイズだと思っていて、それがフィードバックのできなさに表れていると思うんです。

勅使川原　小石を投げ込むようなんですけど、クラスサイズだけの問題とも言い切れない気もしていたりするんです。

教育の盛んな都心の文京地区でいうと、公立小学校も19人で1クラスだったりするんですよ。区域がすごく小さいのに学校がありすぎて。うちの息子が通っていたのも19人1クラスで、1学年2クラスだったんです。

ではそのときに、他者比較に基づかない動的な評価、動的なフィードバックが行われていたかというと、そうではなかったんです。むしろ評価者である学校の先生が、一元的な能力主義をすごく内面化した形でフィードバックしてきたんですね。

竹端　なるほど、クラスサイズだけでなくて、学校の先生の関わり方のどちらも変えないときついということだよね。

勅使川原　これってでも、また能力の話になりそうな予感も。「先生のフィードバックする力」のような。また能力論に還元している？

竹端　能力より経験かもしれない。学校の先生がこれまでどんなフィードバックを受けてきたかによりますよね。

そう考えると、勅使川原さんの都心の学校の話は、能力主義的フィードバックの再生産の話と捉えられる。その先生が、そういうフィードバックしか受けたことがないという。例えばコーチングだって、ある程度学ばないとできないですよね。それと同じことだと思うんです。

「まずちゃんと聞く」という承認

竹端　勅使川原さんは、企業の管理職にフィードバックの仕方を教えることもあるんですか。

勅使川原　「教える立場にないですけど」という枕詞とともに、聞き方を話すことはあります。

竹端　どういうふうに？

勅使川原　「決めない」ことによる偶発とか創発をワークショップで楽しんでもらうとか。そして、断定他者比較、序列化をすると、自分も周りもつらくなるのかもね、宙ぶらりんって思いのほかアリだね、にしていく。

竹端　「決めない」って大事ですね。この間、看護師とかケアマネジャーのみなさんに講演で話してめっちゃ受けたのが、むかつく同僚への話の聞き方についてでした。

勅使川原　面白い。竹端先生にもそのような依頼があるんですか。でも、私も聞かれたことがあるかも。

竹端　何かの拍子で「むかつく部下の話を聞くときにどうすればいいですか」という話になったんです。患者やクライアントじゃなくて、同僚。看護福祉関係者200人に向けたWebセミナーで、まさに勅使川原さんの『職場で傷つく』を参照しながら話したら、めっちゃ受けて。みんなワーッと、「思い当たる」と言っていた。「そうは言ってもサボる奴がいるから許されへん」とかね。

ソーシャルワーカーとか看護師とかって、対象者や患者にめちゃくちゃ優しい人ほど、自分と同じことができない同僚にものすごく厳しいことがある。学校の先生もそうかもしれないですが。福祉の現場でも、ものすごくケアに熱心な組織ほど、「俺の背中を見て育て」とか、「何でこれぐらいできないの」というふうに同僚にすごく厳しい。「同じ給料をもらっているのに」とか。下手をしたら自分の上司に「給与が高いのになんでこの程度のこともできないの」とかね。

勅使川原　それはそうやって厳しく言う人がそれまでに報われてこなかったからですか。

竹端　それもあるかもしれませんが、一方で「自分はこんな頑張っているのに、あの人がこれぐらいもできひんのは許されへん」という論理なんですね。ケア組織におけるケアの二重性の話につながると思います。確かに、対象者へのケアは最大限に行っている。でも、同僚が同じレベルで仕事ができないと、同僚がなぜできないのかへの配慮としてのケアは全くなくて、なんでこれくらいのことができないの、と頭ごなしに糾弾してしまう。対象者に対してと同僚に対してのアプローチが、真逆になってしまう。

僕は、「対象者が「何もできない」とか、「サボっている」とか、何か問題行動をしていても、あなた方はそれで終わらせずにめっちゃアセスメントしますよね。なぜ同僚にそのアセスメントをしないの?」と返しました。

職場としての学校も同じで、子どもたちの問題行動や困難事例については、力量のある先生やったら、排除しないで、めっちゃアセスメントして、「家族関係がこうや」みたいなこともちゃんと理解しようとするわけです。でも、サボっている同僚に、なぜ同じことができないのだろう?

それはね、「この職場なら誰でもこれくらいできて当たり前」という条件設定があるからかもしれません。あるいは自分が対象者に対して注いでいるエネルギーが強いほど、そのエネルギーと同じだけのものを注げない（ように見える）同僚のことが許されない。つまり、対象者に対しては能力主義で見ていないけど、同僚に対しては能力主義で見ているということです。

ここをどう越えられるかというのは、この私たちの対談でも結構大事なポイントだと思うんです。

勅使川原　能力主義ってやっぱり効率化なのかな。

竹端　前提としてはそうでしょうね。構造を見なくて済んでしまう。

例えばそうやってエネルギーを注いでいる自分自身も職場でしんどい思いをしているとか、少ない人員の中、ギリギリでやっているという組織や社会の構造の抑圧が、個人の抑圧につながっている。まずここをマクロで見なあかんと思います。

そして、個人の問題だけではなくて社会構造の問題そのものとして捉えた上で、それでも、子どもに対して能力主義的に序列化して見ないのであれば、同僚のしんどさも能力主義のめがねを脇において捉えられるか、という話なんです。

でも、「わかっちゃいるけど、実際にはそれをしにくい」と皆さんおっしゃいます。

「すぐに査定しちゃう、批判しちゃうのをどうしたらいいですか」と聞かれて。だから「素直に聞けない相手の話なら、一言一句を正確にメモ取ることに集中したら？」と言ったんです。まさにいま勅使川原さんが目の前でやってくれていることやけど（笑）。

つまり、私たちは、相手の話を聞いているつもりでも、それが「こいつはできてない」と思っている人だと、相手が話している最中に「またこいつ、言い訳を言ってる！」と、すぐに査定モードに入っちゃうんです。

僕自身がよく妻に言われるんです、「評価は要らん。コメントは要らん。Just listen.」って。

勅使川原　なんて的確なフィードバック。

竹端　つまり、Just listen できないのですよ。自分と同僚性があったり同質性があったりすると、ついつい、すぐに査定とか、評価とか、コメントモードに入っちゃう。

このとき、査定や評価やアドバイスは脇に置いて、ただただ聞くことが大事なんです。これはオープンダイアローグでも同じです。全部メモを取った上で、「今おっしゃったことはこうですよね。こういう文言で、こういうフレーズをおっしゃいましたよね。合っていますか」って確認する。

勅使川原　それ、めっちゃやります。

竹端　でしょう。これが何で大事かわかります？

勅使川原　相手に集中する。

竹端　それも大事。

もう一つ、オープンダイアローグで言われるのは、相手のことばを一言一句、ワンフレーズも変えずに、「今おっしゃったことはこうですか」と言ったら、言われた相手は聞いてもらえている感じがするでしょう。

勅使川原　承認、受け止めなんだ。

竹端　で、こちらが言いたいことを言うのは後。まず、相手の言い分を丸ごと100％、そのものとして受け止める。そうすると、こじれている相手は「初めて聞いてもらえた！」と思える。
たとえば他者との話がこじれる人ほど、いつも・誰からもじっくり話が聞かれていないと感じておられて、誰も自分を尊重してくれていないと感じている。だからこそ、やっと話せる機会だと思ったらワーッと話し出してしまう。でも途中で相手に遮られたり、嫌な顔されたら、「やっぱりこの人も自分の話を聞いてくれないんだ」と落ち込んだり、激高してしまう。そうやってますます「ややこしい奴」とラベルを貼られ、孤独の悪循環に陥る。そんな経験を少しでもしている人なら、否定や非難をせずに、ただただ話を最後まで聞いてくれて、「今おっしゃったことはこうですか」と確認してもらえるのは、値千金の機会なんですよね。

勅使川原　竹端先生、これは良くないな。私のテクニックが開示されてしまっているな。

竹端　でも、それが一番大事でしょ。

勅使川原　いや、本当にそうなんです。「開始20分で500ミリペットボトルがなくなっちゃいましたね」とか、「さっきから結構、腕を組まれていますね。手の置き場って改まると迷いますよね」とか。

竹端　観察をした上で、相手を評価するのではなくて、「お暑いみたいで、ずっとあおいでおられますね」とかそのまま伝える。

勅使川原　そうそう、ただ言うの。

竹端　実に多くの人が、「ちゃんと聞いてほしい！」と熱望しているのですよね。

勅使川原　本当にそれ。まず、ちゃんと聞く、です。

「よく聞く」の前の「よく見る」

竹端　悩ましいのは、あなたの話もちゃんと聞きたいけど、その前に私のほうがまず聞かれたいんですよ、みんな。でも、どこから始めるかというときに、余裕があるほうから始めないとしゃあないから、「まず聞かせてください」としている。「急がば回れ」で。

勅使川原　ああ〜〜……本当にそうだな。本っ当にそう思う。

この対談のなかでも、何回か聞いてくださっている「企業のコンサルするときはどうしているの？」という問いへの端的な答えは、「話を聞いている」です。こちらが何かソリューションを提示するのではなくて、まず聞く。

竹端　そのときの話の聞き方はどんなふうにしていますか。

勅使川原　よく観察しています。そして淡々と、「私が正の字で数えていたら、さっきから、○○ということばが20分間で15回出ているんですけど、これ、だいぶ気になっているんですかね」と伝えたりすると、「いや、考えたこともなかった。というか、言われたことなかったよ」と喜ばれたりして（笑）。

竹端　では、勅使川原さんの仕事の真髄をこっそり教えてもらいましょうか（笑）。なぜ観察することが大事？

勅使川原　いろいろあるけど、一つには、私は言語優位なことの自覚があって。だからその分、ことば以外の現実もたくさんあると思っているんですよね。ことばだけで戦ってもしょうがないというか。

竹端　なるほど。でもそのときに、腕組みしているとか、５００ミリのペットボトルを短時間に飲みきったとか、一見するとさまつに見えるディテールまで観察することはなぜ大事？

勅使川原　その人の実存に迫りやすいかもしれない。

竹端　なぜ、そんなさまつに見えるようなことを観察することが実存につながるの？

勅使川原　能力主義に慣れてきた人たち同士の対峙が多いので、そうするとある程度「取り繕うこと」が前提なんですよ。企業の社長なんて特に百戦錬磨ですから、もう、言うたらだまし合いなんですよ。でも、ふとした揺らぎや戸惑いのようなものは、よくよく見ていたら感じとれる。
　置いてある水をグビグビ飲んだりして。「あ、めちゃめちゃ緊張してるな。この場をどうしようか、迷っていることがあるのかな」ってこちらは思うわけですね。そしたら「何か話したくないことがありますか？」とすかさずさし向ける。

竹端　そこで「緊張しているよね」と直截に言うと、それは評価が含まれているので、きっと激怒するんですよね。だから、評価や価値判断を挟まず、事実ベースに基づいた上手な言い換えをしてる。「緊張していますよね」と言うと傷つくから、「何か話したいことはありますか」。「今日は先約がお忙しかったんですかね。喉が乾いておられますね」とか。

勅使川原　そうです。「何を聞いてここに来てくださっているんですか」とか。「別に、何か適当に行ってこいって言われたんで」って態度では余裕こいているのに、めっちゃ水をぐびぐび飲んでいたら、「今日は話しにくいことも話そうとか、もし思っていることがあったら言ってくださいね」って伝える。あと、靴とかも見ますね。

言われてみると、なんでも観てるな。無骨で部下とあまり上手なコミュニケーションがとれていないという社内評価の管理職がいて、でもその方の革靴が見る度にピカピカなんです。それを何気なく「お靴、いつも本当にきれいにされていますね」と水を向けてみる。すると「妻が毎日磨いてくれているんです」と恥ずかしそうに、でも嬉しそうにされる方もいます。そういうやりとりが対話の契機になるんですね、ケアとエンパワーメントの話をしましょうか、って。

竹端　つまり、気持ちと心のずれみたいな非言語的表出のところまで、きちんと観察している。

実は、本当は学校の先生に求められているところはそこなんじゃないかと思います。つまり子どもたち、特に言語的表現が十分にできなくて「苦しいこと」に追いやられている子ほど、非言語のＳＯＳ表現を発信しているんですよね。それをことばだけで受け取ろうとしてしまったら、それじゃあ全くわからない。高校生もそうかもしれないけど、特に中学生ぐらいまで。

きっとこれは学校の先生もやっていることなんでしょうけど、要は、五感レベルまで含めた観察とフィードバックなんですよね。

勅使川原　そしてフィードバックのときに決め付けない。断定しない。

竹端　そう、そこ。そして「ちゃんと聞く」が「急がば回れ」なのは、本当にじっくり聞いていたら、相手が勝手に自分で答えを出すからです。こっちは何もしてないのに、「先生、すごい」って言ってくれて。

勅使川原　そうそう。……もう、やめてくださいよ。商売あがったりですよ。
あとは、「…と見えるんですけど」もよく使いますね。「今、こう見えるんですけど、間違っていたら教えてください」という伝え方。

竹端　私たち、まるで半分占い師ですね（笑）。
ただ、占い師を占い師たらしめる要素を因数分解してみると、たぶんシンプルで、易学であれ、星座占いであれ、その占い体系が構築した一定の統計学的真実と、目の前の人の言動の観察に基づく理解とを掛け合わせることによって、一定程度の真実性をつなげていく。
たぶん学校の先生も、本当にせなあかんのはそれなんじゃないかと思う。

勅使川原　本当にそうだと思う。清々しく自分を出しながら、教職を楽しまれている先生はやっていらっしゃる印象です。

竹端　人読みって、そんなに難しいことではなく、観察なんです。「よく聞く」こと。しゃべる必要はない。導くのはもっとずっとあとのプロセスなんですよね。それより、真っ先に導けているか問われるのは、実は自分自身なんです。lead the selfができてい

るか？（金井壽宏・野田智義『リーダーシップの旅〜見えないものを見る〜』２００７年、光文社新書）

勅使川原　『働くということ』（集英社新書、２０２４年）で提唱した「モードを選ぶ」という言い方でもいいですか。本当にそうだと思う。

竹端　もちろん。「lead the people」とか「lead the society」なんてする必要はなくて、まず「lead the self」をした上で、ちゃんと相手の話を聞く、観察する。「あなたのことを聞いているよ、見ているよ」と、チューニングをする。そのチューニングさえちゃんとできたら、あとは勝手に流れていく。

勅使川原　本当にそう思います。そうでないと、いつまでも行き着かない。行き着きもしないと思った方向に行こうとしているのに。

竹端　それがたぶん「結び」をつくるとかいうことなんですよね。
それを学校の先生がどこかで学んだり、あるいは学習者の立場で経験したりできているのか。

評価と相互変容

竹端　じゃあ、フィードバックにも踏み込んでみましょう。

　ここまでの対談で勅使川原さんはフィードバックのプロだとつくづく感じるのは、こちらの発言に「ああ、そうなんだわ」と反応してくれますね。はっきりと相手の発言を受け止めてことばにすることをためらう人もいるけれど、勅使川原さんは割としっかりとことばにしてくれる。

　これがめっちゃ大事で、今思って感動したこと、いいなと思ったこと、「そうそう」と思ったことを、「そうだ」とフィードバックするだけで、相手はひらいていきますよね。調子に乗るとも言う。

勅使川原　キャッ。なんかやだ。でも、私がされてもうれしいですもんね。

竹端　そういう共感ベースで、感じ思ったことをフィードバックする。観察に基づくフィードバックです。

　またわが家の話ですが、お互いが作った料理について、「おいしかったらちゃんとフィードバックしよう」と妻と決めています。言うだけでだいぶ関係性が変わるから。

20年一緒に暮らしても、ちゃんと「今日はおいしかった」とか、どうおいしかったかを言う。それは、いちいちフィードバックを返してくれるということと同じなんです。

勅使川原　なるほど。それで言うと、学校もだし、もしかしたら日本全体がそうかもしれませんが、手加減せずに指摘することが優秀さみたいな感じがあるのかも。
日本のフィードバック自体が、もうネガに引き寄せられていますね。

竹端　前提として、ダメ出しでなく「ポジ出し」がいいですよね。僕は授業の最終レポートを小グループで回し読みして、「褒め合い大会をしてください」と伝えています。批判してもしゃあないわけで、ここが良かったとフィードバックしよう、と。
ネガティブフィードバックではなく、ポジティブフィードバックでいいんですよ。「これ、駄目なんちゃう？　ここ、できてへん！」と非難されるよりも、「ここがめっちゃ良かったし、ここがもっと聞けたらもっとおもろいと思う」「めっちゃ面白かってん。ここ、2行しかないけど、もっと書いてくれたらもっとおもろいやん」みたいに返したら、その人の主体が認められながら、伸びていく。
この違いって、実は論理的思考における批判と非難の取り違えと理屈は一緒なんですよ。

勅使川原　指摘と指導。

竹端　評価でもエンパワーメント評価（Empowerment evaluation）ということばがありますね。本人がより意欲的になったり、より動きやすくなるような評価をしていくというやり方です。

勅使川原　う〜ん、いや、それよね〜。

竹端　ほら、今もやってくれてますね。「それよね〜」って言ってくれたら、こっちも楽しくなってもっと言いたくなる。こういうポジティブフィードバックってめっちゃ大事ですよ。

勅使川原　面白いな。これをコンサル勤務時代にやったら、「君ねえ、ばかみたいだからやめろ」と言われるわけですよ。

竹端　ということは、コンサルにおける「賢い」と「ばか」の違いが、ポジティブフィードバックとガツガツ否定・非難するネガティブフィードバックの間にあるわけだ。

勅使川原　そう。神の視点を持ったほうが勝ちなんです。

竹端　それはまさに能力主義的ですね。一元的で、「俺らは「勝ち組」だから価値がある」と。

勅使川原　そう。「自分はフィードバックを受け付けない立場です」。

竹端　でもフィードバックって、つまるところ相互変容ですよ。指導したい他者を非難するだけでは、本来はフィードバックではない。

勅使川原　そうすると、相互変容は、通り一遍の能力主義から一回抜けておかないとできないですね。

竹端　「私があなたに伝えることによって、あなたは変わるかもしれないけど、あなたの言動に基づいて私も変わり得ます」と言わないといけないから、強固な上下関係に基づく指導する・される関係性では成立しませんね。そしてこれは、フィードバックする側、指導する側にとってはきつい。

勅使川原　権力勾配が無効化されちゃうんですね。

竹端　しかも、場合によっては評価する側が「今の指摘は間違っていました、ごめんなさい」とも言わなければいけない。

勅使川原　訂正する力が入ってくるんだ。相互変容ってこんなにすてきなことなのに、いざやってみると命を取られるんですかね。怖いことなのか。

竹端　一つには、せっかく自分が静的評価モデルのなかで頑張って勝ち取った成果なのに、自分が変容したらその勝ち取った成果が土台から崩れてしまうのではないか、という恐れかもしれませんよね。だから、動的モデルへの変容が怖い。「もっと頑張らないといけない？」「また頑張らないといけない？」と。すでに恐れベースのなかで、自分の立ち位置を揺らすことになるのだから。

だけど本当は、静的評価で獲得した「成果」こそ、一度崩すことによってもっとよりよいものになるんです。経験したことがなかったりして、そうと知らないだけで。でも、本当はそこですよね。評価する・されるの固定的関係を越えて、一緒に変わったらええやんって。

パターンが捨象するもの

竹端　じゃあ「ただ聞く」とか「ただ見る」がこんなにも難しく思われてるのはなぜか。まず、観察の基本のキは何やと勅使川原さんは思ってますか?

勅使川原　想像しない、予測しない。

竹端　なぜそれをしたらいけないんですか?

勅使川原　見たいものを見ちゃうから。見つけに行っちゃう。

竹端　自分の中の枠組みに当てはめようとするんですよね、想像と予測って。だいたいこういう子はこういうパターンだ、みたいな。
年を取れば取るほど、経験年数があればあるほど、パターンの予測モデルができあがっていて、その予測に当てはめてわかったふりをしちゃう。ある程度実力があると、積極的にそれをしたくなる欲望まで出てきますよね。
経験年数も力量もある勅使川原さんご自身は、パターン予測の欲望をどうやって横に置いておけるんですか。

勅使川原　それをやったら自分としてはおしまいだなと思っていますけどね。

竹端　なぜ？

勅使川原　だって、それこそ、予測や断定をやめましょうって提唱しているのに、「いや、見たらわかったんです、間違いありませんきっとたぶん」なんて言ったらもうおしまいじゃないですか。

竹端　パターン認識をすることのほうが一見すると楽そうなんだけど、実は何もわからなくなるのよね。パターンというのは、一人ひとりの唯一無二性を捨象したものだから。

その人を理解するための補助線にはなるけど、補助線の中にその人を当てはめたら、その人の実存のコアな部分は全く理解できなくなる。でも、きっとパターン認識で中途半端に成功してきた人ほど、安直な楽さから逃れられない。

勅使川原　学力テストはだいたいがパターン認識力を問うていますよね。「考える力」だ「非認知能力」だなんだと言っても、それを試す問題のパターンがあり、しかるべき機関によってパターンが分析され、その戦略がノウハウ化して売り出されるといういたちごっこ。仕事における「リーダーシップ」アセスメントや、ＥＱテスト、地頭テスト……などなどもまったく同じ穴の狢です。

竹端　中学受験で塾が流行った最大の要因は、パターン認識力にあると言いますね。中学受験の世界ではパターン認識力を上げたら成績が上がるから、それで学力が上がったように見えて、親が安心する。

でも、本当はパターン認識でこぼれ落ちるところに、学びや気づきの本質もある。だから、勅使川原さんのしているのは、そこの観察なんだよね。「たくさん飲んでいますね。腕を組んでいますね」とか。

勅使川原　「結構、足を開いて座るんですね。そのほうが安定しますか？」とか「ため息深いですね」とか。

必ず、なくて七癖が出てきます。

竹端　「ずっと時計を気にされていますね」とか。

これって、福祉業界ではアセスメントと呼ばれます。アセスメントで大事なのは『名探偵コナン』だと僕は常々申し上げています。

彼は周りにいる普通の警察官が全然見えてないことを発見する。コナンくんと目暮警部だか毛利小五郎だかとの最大の違いはなんやと思います？

勅使川原　私、コナンファンだからわかった。

コナンくんは違和感を見逃さないんです。そして、「あっれれ〜、○○だよね」ととぼけて投げかけて。決して鋭さも見せない。

竹端　そう。つまり、断片をつなげる力が強いんですよ。普通の警察官は、「こういう事件はだいたいこういうものだ」という既存のパターンの中で因果関係を類推する。だけどコナンくんはそうではなくて、その場で新たなパターンを創り出す。「Aがあって、Bがなくて、じゃあAはCにどうつながるんだろう。その人とこの人がなぜここでつながっているんだろう。そのときに、この関係性はどういうふうに動いていったのだろう」と。

そこから、「犯人と目されている人と、それ以外の人との関係性はどうだろう。そのときにこの人を真犯人と言っていいのか」みたいなことを動的予測しています。とぼけて「お姉ちゃん、あのときいなかったよね」と言ったときにピクッとするのを見たりしながら。

勅使川原　いや、まさに私もコナンだと思った。とぼけるふりも含めて。パターンをその場で組みだすというのもすごく共感します。

実は、私の場合、愛用しているノートがあって。この間、別の対談のための移動中、駅で派手に転んでその拍子に開いたリュックサックから落としてしまったんですが。そのノートに、コンサル先の相手の動態をいろいろと記録しているんで、ぜひ見つけた方はご連絡いただきたいくらいなんですが、そこにはたとえば、「○○の話題になった途端、貧乏ゆすりが始まった」とか「いつもよりやたらペン回しをしていた」と正の字とともにメモってある。現状のフィードバックに欠かせない乾いた情報です。そこに良し悪しをつけて評価したら「閻魔帳」になってしまうと思いますが。ただの観察日記。

竹端　それは、その人のパターンを観察しながら記録していくようなもの？

勅使川原　そうです。時系列をとらえたその人の言動パターン。仮説ですね。仮説を検証するのが質問だと思っていて。社会学的には「フィールドノート」かもしれない。

竹端　アブダクション〔観察して仮説をつくり、推論する方法〕みたいですね。

つまり、その人の動きのパターンを観察する中から、次はこう動くのではないかと仮説を立て、検証していく。最初から運命論的にこういうものだと決めつけるのではなくて、その人の言動や観察に基づいてパターンを組み立て、その中から仮説を出していき、それが実際どうなのかを検証して、合っていても間違っていても、フィードバックループに組み込んでいく。対人理解で大事なポイントですね。

勅使川原　本当にそう。だから、例えば月曜ではなくて火曜日に休みやすい人がいたら、こちらがちゃんとデータを見ておかないといけないんですよ。

月曜は、日曜日に「嫌だな」とサザエさん症候群になりながらも頑張ったけど、やっぱり火曜日に疲れちゃう可能性がありますか、と聞いたり。

竹端　やっぱり、実存のパターンをきちんと見抜くのが大事なんですね。ADHDだから、ASDだからという枠組みが先にあるのではなくて。学校でも、同僚や子どもたちの動きを観察しながら、仮説を立てて検証することは可能なはずです。でも手間暇かけるだけの時間がないと思い込んだり、そもそも既存のパターンに相手をはめ込むことで、わかったふりをしてしまう。

勅使川原　最初に持てるのは、あくまで仮説なんですよね。

竹端　そしてその仮説は万人に当てはまるのではなく、その人にしか当てはまらないんですね。

例えば学校に、よく嘘をついたり、物を取ったり、殴ったりする子がいるとする。その子を「出来の悪い子や」「親も出来が悪いはずや」という既存のパターンにあてはめると、どの行動もその既存パターンに収斂されていってしまいますね。

でも、「実はその子は親がしんどい家庭でヤングケアラーかもしれない」とか「家では過度に『いい子』しすぎて、エネルギーの暴発が学校のクラス内でしかできない子だったかもしれない」という仮説が立ちうる。取り寄せる事実が違えばアセスメントの仕方もコロッと変わってくるんですよ。

だから、「この子は悪い子だ！」という先入観を持った時点で、その子についての情報はすべて「悪い子」の物語を強化する方向に転化してしまう。その物語に不適合な情報は、見なかったふりをしてしまう。でも視点を変えて、「悪いことをせざるを得ない状況に構造的に追い込まれた子だ」と仮説を立てたら、なぜ・どのような背景があってそういう状況に追い込まれたのか、を観察に基づいて情報収集する。すると、アセスメントで見るポイントが全く違ってくる。コナンがやっているのはそれなんです。

苦難は細部に宿っている

勅使川原　そうやって実存ベースのパターンを見ていくことで、その人の合理性が見えたりするんですよね。

私の仕事は、だいたいなにか問題があるときに面談で介入していきます。だから、「この上司は本当にひどい人なんですよ」と紹介されたりとかもするんですよ。だけど、『働くということ』でも触れましたけど、例えば話を聞かないことで有名な人も、蓋を開けてみたらただ腰痛だったということもあるんですよ。ただ座るのがつらいから、ミーティングルームで早く立ち上がってしまうという。うそみたいな本当の話。

竹端　「妻が口きいてくれへん」「親を介護せなあかん」「株でえらい大損して、気が気じゃない」とか、プライベートな話だから仕事場では言ってないけど、その人にとっては深刻な背景事情があったりしますよね。だから同僚に対しても、駄目な同僚、できない同僚を、「無能な同僚」「ズルする同僚」と頭ごなしで評価するのではなく、何らかの事情があって本人の能力が発揮できず、ダメな・サボっていると見なされる状態にある同僚だと捉え直してみる。そして、「どういう背景がそうさせているのかを教えてください」と聞くことから始めると、見えてくるものが全然違うんですよね。

そういう人たちほど、周囲から「無能」「駄目」「ズルい」奴だ、できない奴だと査定されていることを、ものすごくよくわかっています。だから、ますます卑屈になってしまう。

勅使川原　疑心暗鬼にならざるを得ない。

竹端　そのときに「なんか最近大変そうやけど、どないしたん？　もしよかったら聞かせてくれへん？　前はもうちょっとイキイキやっていたけど、最近はしんどそうでふさぎ込みがちやん」と切り込む。

「仕事をサボってるやん」とかそういうことを一切言わずに、「最近、あんたのもともとのパフォーマンスが全然発揮できてへんようなんやけど、何かあったん？　もしよかったら聞かせて」という形で。

そうすると、「何もないよ」とか答えてくれながら、ひらかれてくる。

勅使川原　『働くということ』に登場する相川さん（仮名、男性）もそうでした。身なりから見えてくるものが多いです。特にヒゲが首に残っているとか、袖ボタンが外れているとか。そこから「あれ、大丈夫ですか」とか、「ここ、閉めないんですね」と声をかけますね。テクニカルなことに終始したいわけではないんですが。

竹端　これまでは割ときっちりシャツを着ていた人が、最近は2、3日シャツを替えていないような感じがする、とかね。「何か大変な状況なんですか」と聞いてみたり。

真実は細部に宿るんです。それは子どもの苦難も同僚の苦難も同じで、細部に宿っていると思う。

職場としての学校でトラウマが並行する

そうした苦難が加害的・他害的な行動で表れている場合に、そうやって寄り添えるでしょうか。教師から子どもへの観察や「ただ聞く」はまさにそのとおりだと思います。でも、職場としての学校を考えると、苦難の結果だとしても上司や先輩教師からこちらがおびやかされるような言動があったときに、それが抑圧の結果だとしても、「話、聞きましょうか」と声をかけるなんて絶対に嫌だという気持ちも芽生えてきそうです。

――（編集部）あの、気になったことが。

竹端　それは、抑圧を誘発するような組織、構造があると考える必要があります。学校運営の問題として。

僕は精神病院の研究を25年ぐらいしています。なぜ精神病院では虐待が起こりやすいか、わかりますか？　虐待が起こりやすい構造があるからなんです。

どういうことかといえば、精神疾患のある人の最大化した「生きる苦悩」に寄り添い病状を改善していくために、入院治療が必要だとは必ずしもいえないのです。精神疾患のある人を地域で支える医療や福祉的支援が不足していて、かつ家族が責任を丸抱えせざるを得ない状況にあるなかで、最後の手段として、精神病院に社会的に入院せざるを得ないような状況が日本には残っています。日本は世界でも最大の精神病院大国なんです。でも、長期間社会的に入院し続けている患者とは、医者にも看護師にも治せていない患者なのです。

そうすると、本来、看護師や医者は治したくて病院に勤めているのに、患者が治らないという状況になる。トラウマに関わる支援のなかで、支援者も心理的ストレスを受け、支援者や支援の組織全体が類似したトラウマ反応を示すという、トラウマの並行プロセスが起こるわけです。

精神科病院の場合は、「患者が治らない」トラウマが、「看護師や医者は治せない」「この病棟では治せない」と連鎖反応を起こし、その結果、支援者が自暴自棄になって虐待が起こる。このように、障害者や高齢者の入所施設や精神病院では、閉塞感が構造的に連鎖するので、支援者による暴力や虐待の問題がしつこく起こり続けています。

僕は、このトラウマの並行プロセスが、機能不全に陥っている組織ではどこにでもあると思っています。本来、校長やマネージャー（管理職）に求められているのは、そのトラウマの並行プロセスに終止符を打つために、パターン認識を変えていくこと。たぶん勅使川原さんがコンサルティングで入っている組織もそうですよね。

ハラスメントが起きている職場には、ハラスメントが起きやすいような組織風土がつくられている。その風土をどう変えるかが本来の管理職の仕事なのだけど、それが機能していない。つまり、チームとして機能していないってことなんですね。

そこで、ハラスメントを起こす人のハラスメント性だけに着目されることが多いけど、その人自身が受けてきた抑圧についてもちゃんと組織として向き合えるのかが重要ですよね。それがたぶん、「職場で傷つく」話でもある。

子どもを守る立場として、先生が子どもたちを尊重すべきだというのと同時に、同僚組織の中の先生たち自身が受けてきた抑圧の構造をどう変えていけるのか。同僚組織のマネジメントが問われている。

勅使川原　でも、問題は個人化されるのが前提ですよね。

竹端　それこそ勅使川原さんの論に基づくと、能力主義的に切り分けるのではなく、チームの機能をどう豊かにしていくのかという観点が必要ですよね。

勅使川原　それで言うと、何かを改善しようとか豊かにしようというと、ほぼ自動的にインプットの話だと思う人が多いんですよね。

竹端　「〇〇技法を身に付けたらいい」「合理的配慮が必要だ。じゃあ、野口さんに研修してもらおう」とかね。そういう話とちゃうよ、という。

合理的配慮ひとつとっても、観察から始めるんですよね。その子はどのようなしんどさを抱えていて、教室の中でどういう調整が必要なのか、観察に基づいて、その子や周囲の人と対話しながら、フィードバックし合いながら決めていく。

勅使川原　まず、観察というのはアウトプットなんですよね。

観察がハンブル（謙虚）なんです。とても控えめに見えて。

竹端　もっと言ったら、観察が面倒くさいんですよね。だからみんなしない。

勅使川原　名探偵コナンだと思うと面白いですけどね。

竹端　訓練や練習の機会がないですよね。

例えば灰谷健次郎の作品を見ても、「観察」なんですよね。『兎の眼』とか。

彼の作品はまさに、教育や教師とはどうあるべきかとか、貧困や差別で苦しい状況の子どもたちがどんな世界で生きているのかを、そういうコナン的な目線でもって描こうとしている。

ただ、彼が描いた世界では極めて昭和的な手法、つまり「24時間365日先生です」みたいなことだから、必ずしもすべてをそのまま適用はできないけれど、まなざしは必要だと思う。

勅使川原　だからやっぱり、最初は観察なんだ。研修とか、「能力を付ける」とかのインプットのまえに、「観察から導いてこういうふうに見えました」というアウトプットからだ。

共感せずに信頼関係は築ける

竹端　もう一つ言うと、入力と出力の間にあるプロセスが重要ですよね。関係性をつくるって、プロセスですよね。つまり、観察しながら関係性をつくっていく。勅使川原さんがホステス的コンサルと言われるのはそこで、観察しながら間合いを詰めていく。

子どもとの間であれ、同僚とのチームであれ、信頼関係をどうつくるかがめちゃくちゃ重要で、それはここまで話してきたように、まずよく聞くことから始まる。それも、観察しながらよく聞くことから。

それで、相手の内在的論理を知る。こちらの合理性で査定するのではなく、相手の内在的論理をそのものとして理解する。

僕はよく研修で「無理して共感する必要はない」と言っています。自発的ではない共感は無駄。だって、心の中で「嫌な奴だ」と思っている相手に共感なんて絶対にできないですよね。なのに上辺で「ふんふん、なるほど」と頷いていたら、嘘ってわかりますよ。だから「心からの共感」以外は要らない。

勅使川原　他者の合理性でいいんですよね。

竹端　他者の合理性を観察に基づいて理解する。共感は横に置く。むかつくと思っても、むかつく感情をそのものとして認めた上で、他方でその人を観察して理解しようとする。

勅使川原　もししんどかったら言っちゃいます。「今、一瞬、腹立っちゃったんですけど、すみません。羨ましいのかな」とか。

竹端　これもまた、必殺技が出ましたね。自分の感情を出しながら、「あなたのことを傷つけているわけではないよ」と。

勅使川原　それで自分なりの仮説を提示する。

竹端　でも人間、なんかそんなふうに言われると、「いや、そんなことないねんで」とか、ついつい言ってしまうよね。

勅使川原　そして、特別な人になれる。キラーン。

竹端　それから、「世界平和の前に家庭の平和」、足元の平和だとつくづく思います。今、経済界で輝いている人も家庭の平和を犠牲にしている人とか、社会運動家の中でも組織が抑圧的なのに「他人のために」とか言ったりしている。それは学校の先生も例外じゃないと思う。

それこそ昭和的ガンバリズムの世界観です。今年は2024年で昭和99年やけど、昭和的メンタリティは限界を超えています。何より、そういう悪い率先垂範(そっせんすいはん)の振る舞いを、子どもはじっと見ている。

子どもは気づいているのですよね。例えばなにかできないことがあって塞ぎ込んでいる子どもがいたときに、「それはあなたの努力が足りない」と問題を個人化している大人と、「学校に来なくても、生きていてくれたら、もうそれでうれしいよ」と存在自体を歓待している大人と、ことばに出さなくても子どもは抑圧や祝福、力動を受け取っている。教育は対人直接支援だから。

大人はあまりに自分自身が子どもに発する抑圧や祝福、力動といった非言語的なメッセージに無自覚だと思うんです。でもそれは子どもには隠せないと思うんですよ。特に小学校低学年とか、小さい子ほど見抜けるので、バレる。言外のメッセージまで受け取られてしまう。

逆に言ったら、年が若い先生のほうが、できないことをできないと自己開示できたりして、実は信頼関係をつくるのが得意なのかもしれない。

『二十四の瞳』もそうです。登場するのは一見すると「ポンコツ」にみえる先生。本当になにもできない先生だけど、だからこそ子どもたちから愛されてる。子どもたちに、「先生、できひん」って言う。

勅使川原　ホステス術も肝はポンコツなんですよ。『働くということ』にもポンコツって何回も書いているんですけど。「できない」という弱さの表明でつながる。

竹端　じゃあ、こう言ったほうがいいかな。できないを認めることは、できることを意識することでもある、と。「自分はここができて、ここはできません」。できる部分については頑張れるけど、できない部分は助けてほしいって認めること。

勅使川原　そうかもしれない。これってめっちゃ実存ですよね。アセスメントって本来そういう、どっかからとってつけたものさしを他者に勝手に当てて、良し悪しをつけるものではなくて、実存を承認して、どう周りと繋がっていくかを模索するためのものですね。

他者のまえに自己

勅使川原　それに比べると、私が今みたいに機能に注目する前にやっていたリーダーシップアセスメントなんかは、規範に対して何点足りないかという「欠乏のあぶり出し」でした。組み合わせる前提もなく、個人に問題を帰すためにやるというのが根本的な間違いだったなと、今思っています。

竹端　「欠乏のあぶり出し」って、恐ろしいし、しんどいですよね。それはしたくないなぁ。

あと根本的なことをいうならば、アセスメントを他者にする前に、まず自分にしないといけないですよね。先生は子どものアセスメントをしているけど、自分のアセスメントはできているのか。

勅使川原　生徒のバイタルデータをとる暇があったら、まず自分が、ですよね〔埼玉県久喜市立中学校でBIデータを用いた集中力の実証研究が実施された〕。この状況や構造に戸惑っていないか、とか。

竹端　アセスメントを自分にするということは、自分自身の実存も問われるから、苦しいことですよね。ちょっと怖いことでもある。でも、教員自身が自らの実存と向き合えないのに、なんで子どもにアセスメントできるだろうか。子どもだって、「先生は僕らのことだけを査定や評価しているのか、自分のありようも見直そうとしているのか、どっちなん？」と、直感で感じる。

勅使川原　それはある。神目線が入っている大人は怖かったですね。あまり一括りにはできませんが、入社最難関とされるようなコンサルファームのコンサルタントなんてもっとタチが悪いですよね。「自分のことは神でいいんです、だって頭がいいから」「あなたたちの見えないものが見えているので言わせてもらいますけど」と言い切っちゃっているような。だから、余計に、はっきり言って気持ち悪かった。

「ばかは死ね」と社内で言っていますからね。生存権がない。

竹端　でも、「ばかは死ね」と言っている組織って、実に閉塞的ですよね。だって、「ばか」であることの何が駄目なのか・どうすればそうではなくなるのか、を全く説明できていないのだから。つまり、一元的評価軸、能力主義評価軸を盲進し、それ以外の価値を認めないから、「ばかは死ね」と言える。

学校の話に戻ると、ことばは違っても、似た潮流がないかどうか。学校の先生の中でも「この風潮に乗れない奴は教師失格だ」みたいなものはあり得るわけですよね。

勅使川原　「不適切」とかね。「不適切」と言った瞬間に規範なんだよな。「欠乏」が前提になっているし。

竹端　だからやっぱり、道徳的秩序をいったん横に置いて、ちゃんと考えられるかどうかですよね。「不適切」っていうのも、標準的な振る舞いと違うという他者比較です。

「他者がどう」というのを脇に置いて、今ここで、なぜその子がそれをするのか、今ここでなぜこの同僚はこんなことをするのかを、観察に基づいてその合理性を理解しようとする。「専門性を脇に置いて」という言い方もできるかもしれない。まずそのままを理解しようとする。査定しない。

学校が「いて面白い場所」になるには

勅使川原　いや、面白い。
でも、こういう状態からどうしていったらいいんだろう。道徳的秩序を一回横に置いて、実存を認め合いたい。

竹端　どうやったら学校が面白くなるか。中にいるひとにとって。
子どもとともに楽しめ、先生たちが同僚のチームとしても楽しめるか。

勅使川原　『「能力」の生きづらさをほぐす』が「紀伊国屋じんぶん大賞２０２４」8位に入賞したときに、表彰式にお邪魔したんです。そのなかで、「紀伊國屋書店ベストセラー大賞」を受賞した『大ピンチずかん』（小学館、２０２２年）の鈴木のりたけさんのスピーチが印象的でした。

中学の先生が、毎日日記を書けという宿題を出してきた。みんなクソみたいに思っていたんだけど、自分は普段決してにこやかではないその先生を笑わせたい欲求があって、だるいけど毎日面白いことを考えた。毎日ですよ？　でもそれがそのまま絵本に生かされているという話でした。

そのときにハッと思って。私も小学校で「リーダーシップがありすぎる」と怒られる前、「リーダーシップがいいね」と言ってくれた4年生のときの永井泰子先生がすごく好きだったんですよ。フルネームで覚えてる。

ちょっと違うかもしれないけど私も似た経験があって、4年生のとき、ほぼ毎日、文章で作品を書いて先生に提出していたんです。1年間で180枚、400字詰めの原稿用紙いっぱいに書いて、「私の作品を見てください」と。

先生にとったら全然面白くなかったかもしれないけど、いつも何かしらコメントをくれたんですね。あれが学校での思い出のなかで、一番記憶に残っているなと思い出したんです。私の実存をそのままに認めてくれた唯一無二の経験。

竹端　それはまさにフィードバックに基づく相互変容ですね。「あなたはこうだよね」と言い続けることによって、「私」も変わっていく。

しかめ面をしている先生を「何とか笑わせたろ」と思ってフィードバックする。その先生もそれを何とか受け止めて、笑わないけど「なるほど、うーん、でもやっぱりあまり面白くない」みたいな反応があって。

あえて言い換えると、フィードバックに基づく相互変容というのは、動的主体であり続ける関係を結んでいるんですよね。お互いが動的主体の関係性を結び続け、変わり続けることを一緒に面白がり続けると、「おもろいやん」という関係になっていく。

勅使川原　「おもろいやん」でやれば済む話を、何かしら規範に結びつけたくなっちゃうんだな。

竹端　規範は、自分の行為の正当化の隠れみのだということを認めないといけない。

勅使川原　それ、言っちゃいます?

竹端　規範に逃げなくても、ちゃんとフィードバックに基づく相互変容をしていたら、一定程度に落ち着くところはあるんですよね。クラスを無理にまとめようとするのも、規範に逃げるのと同じことです。

でもね、規範に逃げ込むよりも、今ここで起こっていることを面白がりながら、

「先生はちょっと困っています。みなさん、ここから先、どうしたい？」みたいなことも含めて一緒に相互変容していこうとする。目の前の子どもたちを、よくわからないけど信じてみるみたいなことのほうが、みんな楽になる気がするんですよ。相互変容のなかで、文脈がつくり出されていくから。

それが相互依存的文脈であればあるほど、みんな苦しくないけどクラスとしての一体感は出て、まとめなくてもまとまるし、秩序化しなくても勝手に一つの物語が形成されていく。自立的に、自己組織的に、自律分散的に。不確実さの海に共に飛び出すからこそ、見えてくる世界がある。

勅使川原　でも、現場はそこまで待てないし、怖いんだな。

竹端　昨今の公立学校での教育改革が煙たがられたりするのも、根底にあるのは「怖れ」だろうと思います。特に、これまで頭ごなしに「秩序を守りなさい」と他者に強制することによって自分の「立場」や「権威」を守っていた人ほど怖いんじゃないか。「子どもたちに秩序を押し付けるだけでは、何も始まりません」と根底を覆すような転換だから。

でもやっぱり、学級運営において自律的で主体的で分散的なシステムをつくっていけたら、集団管理型一括処遇の学級運営をしなくても、持続的で、変化にも強い組織になる。しかも、一人ひとりが動的な主体で、自分の意見に蓋をすることなく、自立的に考えることができる。

勅使川原　自分もそれだ。「規範に逃げない」を大事にしているのかも。

「できる一つの方法論」を追い求めて

竹端　大学の講義で、NHKの「ノーナレ」という番組を見せるんです。校則も制服もなくした、東京都世田谷区立桜丘中学校元校長・西郷孝彦先生の回〔「校長は反逆児」2020年5月11日放送〕。

当時、桜丘中に他校から赴任した先生に、「この学校はどうですか？」と聞くと、「本当に最初は訳がわからなかった。秩序がない」って答えるんです。でも、実は西郷先生は、自生的秩序をつくろうとしているんですよ。

これは人類学者ジェームズ・C・スコットが言うところの土着の秩序（Vernacular Order）なんです（『実践　日々のアナキズム』岩波書店、2017年）。

彼曰く、秩序には、土着の秩序と公的秩序（Official Order）の二つがある。前者がその土地の風土に根付いた秩序ゆえに自生的に成り立つ秩序であるのに対して、後者は、ルールや法など人為的な秩序でがんじがらめにするんです。

公的秩序で一番わかりやすい例は、単一種の植林です。日本で花粉症があんなに酷いのは、戦後荒廃した山林にスギやヒノキだけを植え続けたから。他方、熱帯雨林で土着の植生を活かした農園では、いろいろな品種が少しずつ生えているわけです。アボカドやプラム、イチジク、サボテンにローズマリーなど多様なものが植えられている。

土着の秩序の農園では、多様な植生を活かし続けることで持続可能になっているけど、公的秩序で人為的に関与した森林はスギやヒノキなど単一種だけを植える。そうすると、その森全体が自力を失い、荒廃していく。だから、公的秩序一色になってしまった場を、どのように土着の秩序に戻していけるのかがカギです。

きっと今も、学校でおもろいことをしている先生は、子どもたち一人ひとりの土着の秩序を大切にしながら学級運営している。一人ひとりの伸びたい方向性を抑制せずに、自律的で主体的で共生しあう秩序をつくり出している。それはたぶん、できるはずだと思うんです。青木真兵さんの「土着思考」(『武器としての土着思考』東洋経済新報社、2024年)とも重なるけど。

ただ、そうやって先生たちが子どもたちの土着性を大切にしようとしていても、管理統制的な教育委員会や校長・教頭が公的秩序で統制しなさいと命令する現実があるなら、そのギャップはしんどいですよね。

土着の秩序が尊重されない環境では、子どもたちもしんどいけど、先生だってしんどいはずです。なぜなら、公的秩序はフィードバックのないシステムだからです。一方的に強制・統制して終わり。オーダー（order：命令）って元来、一方的ですから。

他方、野生の秩序は、相互的なんです。「これはしたくない」「こんなふうに変えたい」、そういった双方向の、お互いが自分の感情や思いを素直に表現し、対話に基づき相互変容していくような関係性。それをつくれば、学校は魅力的な場所に戻ります。抽象的なことかもしれないけど。

勅使川原 確かにそうですよね。でも、クラスサイズや学習指導要領……そのレベルの変革の連鎖も期待したいところですね。

竹端 ゲリラ戦的な小さな抵抗を学校の日々の中でやることは不可能ではないと思っていて。例えば1時間だけ、その中の一部分だけでも、土着の秩序が許される余地をつくるとか。全部の授業でしなくていいので、総合的な学習の時間や、道徳の時間だけでも、せめて、週に1回とかでもいいから、子どもの土着性を取り戻すような場をつくってみる。

勅使川原　私が組織開発の中でよく投げかける問いとして、いわゆる不適切っぽい上司のマネジメントスタイルがあったときに、「それによって何を得ようとしたのか1回振り返りましょうか」みたいな入り方をします。もともとは、何か得ようとしているはずなので。ないしは、何かが怖くて絶対に避けようと心を決めていたり。

結局出てくるのは見栄とか、馬鹿にされる不安とか、そういうものかもしれないけど、それでも一回それを一緒に自覚してもらう。「何かを得ているときは何かを失っていますよね」という大きな枠を理解してもらうとも言えるかもしれません。得っぱなしの人もいないし、失いっぱなしの人もいない。

竹端　そこで得ているのって、疾病利得〔病気になったことで得る利益〕なんですよね。そのことをまずは自覚する、と。

あと、「できない百の理由を考えるよりは、できる一つの方法論を考えよう」とも僕はよく伝えます。

「できない百の理由」は、お役所が得意です。「できる一つの方法論」は、今日の勅使川原さんの話につなげると、目の前の子どもの観察から始まる。一人ひとりの子どもたちの振る舞いや言動をじっくり観察してその子なりの合理性を理解して初めて、この子たちと何ができるか、「できる一つの方法論」が生み出される。相互変容の中から。

勅使川原

いやあ、それだな。

これまで、「勅使川原さんの本を読んで、これからの社会に必要なのは許す心だと思いました」とか言われることもあって。正直ガクッとなるんですけど。「ゆっ許しですか」みたいな。

ただ、そうなる気持ちもわかるんです。「広い心があればいいってことですよね」みたいに「スッキリ」感を優先させた解釈もあるんだなとかって、受け取り手のいろんな合理性もわかる。

でも、「私」と「あなた」の間にあれが足りない、これが足りないって、そりゃあないよ、と思うんです。「許し」が、とか、広い心がないからどうこうじゃなくて、もういまここに私もあなたも在るわけですから。

ならば相互的な、動的な関係の中でただ在ることをおもしろがれる関係を見つけていたいですね、っていう話だと思うんですね。「そうきたかー」「わはは」と笑うだけだっていいし、「ごめんね、変なこと言っちゃったね」だっていい。未来を正確に予測するという意味での答えは本当は誰にもないのだから、整えよう、そろえよう、まとめようと躍起になることは、もったいないことなのかもしれない。予想外のきらめきをやはり落っことしてしまいかねないですから。「一緒に変わったらええやん」です。うん、それ。その表現はやっぱり関西弁が合うなぁ。

……時間ですね。めっちゃありがとうございます。言い残したことはないですか。

竹端　何もない！　今日、この場で出てきたことばは、目の前に勅使川原さんがいて、対話の中でテッシーからのフィードバックのことばを受け取って、私も思いつきの妄想が一杯出てきて（笑）、一緒に考え合いながら相互変容している場ゆえに産まれた文脈だから、言い残したことなんかあるわけないのよ。だって、この場そのものが唯一無二性なのだから。

勅使川原　かっこいい。惚れてまうやろ案件。ありがとうございます。素直に受け取ろう。

（終）

対談
3

学校がそうせざるを得ない合理性を追って

武田 緑

TAKEDA MIDORI

勅使川原 真衣

武田 緑（たけだ みどり）

学校DE&Iコンサルタント・Demo代表

学校における【DE&I（多様性・公正・包摂）】をテーマに、研修・講演・執筆、ワークショップやイベントの企画運営、学校現場や教職員への伴走サポート、教育運動づくり等に取り組んでいる。研修は、全国の学校や教育委員会、教育研究団体などでの実績多数。フリーランスとしての活動のほか、学校DE&Iの実現のためには現場のエンパワメントが必要との思いから、全国の教職員らと共にNPO法人 School Voice Projectを立ち上げ、現在は理事兼事務局長として活動に従事している。単著に『読んで旅する、日本と世界の色とりどりの教育』（教育開発研究所）。

支援と「本当に無理なのか」問題

武田　今回、「これくらいできないと」というテーマを聞いて一番に思い浮かんだのは「挨拶」でした。挨拶は「だれでもできるでしょ」と思われがちです。声を出すだけ、目を見て笑顔ではきはき言えばいいだけ。「「おはようございます」「さようなら」の一瞬くらい、元気に振る舞えるでしょう？」と。

でも実際は、それがとても緊張してドキドキしてしまうんだという子や、プレッシャーになってつらいという子もいるわけです。「これくらい」と思われていて、特にできやすさに差が大きいのが挨拶だと思います。

勅使川原　なるほど。中高時代から、挨拶の声が小さいのと目を合わせたがらないことを先生にやんやん言われていた身なものでさっそく興味津々です。

武田　いま一緒に学校ＤＥ＆Ｉ〔Diversity, Equity & Inclusion。多様性を前提に組織やコミュニティのあり方を見直し、差別や排除をなくしていくための視点〕を広める活動をしている仲間と、「学校の正しさカード」というものを作っています。今の学校で良きこととされているいろいろなこと、それこそ挨拶や服装、姿勢などの「正しさ」を一つひとつカードにしています。まだ開発中なのですが、「その正しさの〝強固さ〟」と「その正しさの〝正当性〟」という2軸で、マトリクスの上にカードを配置していってもらうというワークをしようかと考えています。カードを裏返すと、その正しさ・〝常識〟を苦しいと感じている子どもの声が書かれています。それを踏まえて、「この正しさってどうなんだろう？」と立ち止まって考え、より暴力性の低くなる対応を考えてみよう、というものです。

勅使川原　この対談の事前打ち合わせで見せていただいたときから、とても印象に残っていて。今、小学6年生の息子に見せたら、生意気で恐縮なのですが、「この人、わかってんじゃん」と言っていたんですけれども（笑）。息子もまさに学校で日々、「規範に合わせなさい」と、協調的に動くようとがめられがちな人間なのでめちゃくちゃ刺さっていたというか、「こんなおとながいるんだ……」と驚嘆した様子でした。「これくらいできないと……」という観念とひもづけて、今日はぜひ詳しくお聞きしたいと思っています。

武田　息子さんにお褒めいただき光栄です（笑）。
一緒に「正しさカード」を作っている人は、小学生のお子さんがいるお母さんなん

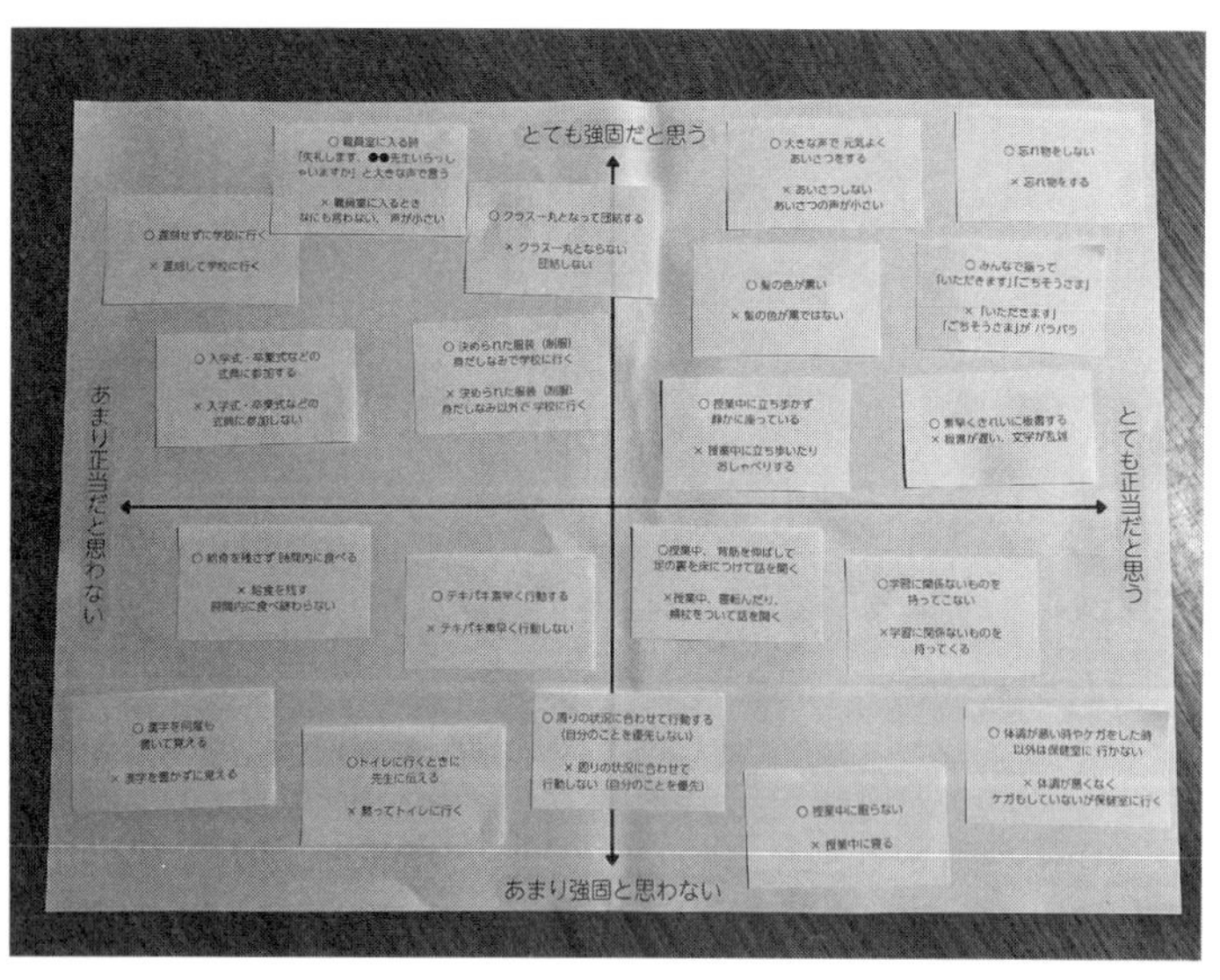

「学校の正しさカード」とマトリクス

ですけど、ご自身も人前で話すのがすごく苦手だったし、お子さんもとても苦手で、「元気にハキハキと」言わないといけないのと、定型文をやたらと言わされるのがとてもしんどいと。

例えば学校って、おうちの人に書いてもらって提出するものがあるじゃないですか。小1のお子さんは、「教室に入るのも緊張する……」という状態で、そういう提出物を先生に出すときに言葉が出せず無言で差し出したところ、「〝お母さんから預かってきました〟は？」と言い直しを求められたんだそうです。しばらく沈黙状態になり、最終的に受け取ってもらえたものの、翌日からも毎日そういうやりとりがあり、「学校行きたくない」となってしまったと。

その先生としては、たぶん社会化の練習として課したんですよね。別に意地悪しようと思ったわけではないと思います。でも、そういうのでしんどくなる子もいるんですよね……。

勅使川原　何か、気持ちがすごくわかる。昔って、切符は券売所で声に出して、行き先を言って買っていたんですよ。当時、自動券売機というものがなく（笑）。在来線に乗ってどこへ行くにも、「どこどこまで、子ども1枚」とかって。私はあれが言えなくて。やっと言って手渡された切符は、手汗でしなしなになる始末。それをすぐに思い出した。

武田　私は挨拶は苦になりませんが、電話が苦手ですね。かけるのもとるのも。誰が出るかがわからない場合は特に、めっちゃ緊張します。必要なときは仕方なくしますが、なるべく避けたいことの一つです。

勅使川原　「お母さんから預かってきました」と言うのが難しくて渡せなくなるというと、最近はそれをハイリー・センシティブ・パーソン（HSP）だから、みたいに言ったりもしますよね？　ただ悩ましいのは「HSPなんです」と言った先だと思っていて、そのあたりはいかがですか？

武田　そうですね、HSP概念にしても、発達障害にしても、基本的に困りごとの原因を個人に帰するベクトルで使われがちなのが気になってしまいます。「この子が特殊に、こういう性質だから仕方ないよね」みたいな。

勅使川原　ですね。あたかも「配慮」「特別対応」「思いやり」かのようですが、そもそもベクトルが個人に向いている。それでは問題が個人化する一方ということですね。

武田　「こういう子だから特別に」に付きまとうものとして、「「本当に無理なのか」問題」というのがあると思っています。つまり、「頑張ったらできるのか、本当に無理なのか」とか「わがままやサボりではなく、本当に対応してあげないといけない案件なのか」という問いです。

勅使川原　ナッツアレルギーなのか、ただの好き嫌いなのか。

武田　そうそう。アレルギーは医学的に診断できるからまだわかりやすいですけれども。児童精神科医の吉川徹さんが、「「できる」と「できない」の間には、「できるけど疲れる」ことがたくさんある」とおっしゃっていて。白黒つくわけじゃなくて、グラデーションなんですよね。

勅使川原　いいこと言う。本当にそうですね。

武田　「それな！」となりました。
結局そこをジャッジしたがっちゃうんですよね。コッチなのか、ソッチなのか。でも、それは困った状況の原因を個人に帰そうとするからそうなるのであり、環境のほうに矢印を向けると、取れる選択肢はきっともっと増えると思うんですよね。

勅使川原　そのとおりだよね。まさに障害の「医学モデル」ではなく「社会モデル」の考えですね。

武田　ただ、「学校の正しさカード」についてもそうなんですけど、すでにある「善し悪し」の価値観は、全部取り払わないといけないのかというと別にそうでもないと思うんです。それは実際難しいし、世の中の〝アタリマエ〟をすべて相対化してしまったら、それはそれで不便で不安になる……ということもあるだろうと思います。「挨拶なんてしなくていいじゃないか」と単純に言いたいわけでもないんですね。

いろいろな人がいるなかで、「この人はこれがしんどい」「あの人はあれがしんどい」ということは多様にあるわけです。挨拶の話も、挨拶が緊張してこわい子もいれば、挨拶が返ってこないことで悲しい気持ちになる子もいる。私も個人的には自然な挨拶が飛び交う空間のほうが心地いいです。「でも、挨拶しなきゃ……という状況がしんどいと感じてる子もいるのだけれども、どうしようか」とみんなで考えることが大事なんだと思います。

どっちかに振りきるんじゃなくて、〝いろいろ〟を持ち寄って対話することで誰かのしんどさを軽減したり、〝正しさ〟や〝あたりまえ〟が生み出す暴力性を下げることはできる。例えば挨拶のバリエーションをみんなで考えてみることで、「挨拶は「ヨッ」でも、ハイタッチでも、ペコッと会釈でもいいよね」となったら楽になるかも、とか、そういう話もあるじゃないですか。

勅使川原　あるある。

武田　ちなみに、ご存じかもしれませんが、大阪に面白いエビ工場があって。

勅使川原　「好きな日に働くエビ工場」の武藤北斗さんですね。Xでつながっていて、先日は拙新刊イベントにわざわざお越しくださって、ご挨拶させていただきました。エビのTシャツの人が最前列にいるな……と思ったら（笑）。

武田　そうなんですね、さすが（笑）。私は、武藤さんの会社「パプアニューギニア海産」の存在は、とある校長先生に教えてもらったんです。「武田さんの研修を受けてこの工場の話を思い出しました」って。

そのエビ工場は挨拶のタイミングが限定的に決まっていて、「しなくていい」だとみんなしちゃうので、嫌なことは禁止にしてるんだそうです。

勅使川原　面白い。私もそこでなら会社員やれるかも。

武田　この会社で有名なのは、フリースケジュールといって、欠勤連絡を禁止にして働きたいときに働きたいだけ働けるという仕組みにしたことですかね〔Indeedキャリアガイド編集部「「好きな日だけ働く」エビ工場が考える、従業員目線の働き方設計」2022年ほか〕。それ以外のルールづくりも含めて、すごく社会モデル的な職場改革だなと思って関心を寄せています。そういう考え方もあり得るわけです。

「これぐらいできないと……」には「社会は所与のもの、既存のもの」という社会観が大きく影響していると感じるんですよね。「社会がこうだから、これぐらいできるようにさせてあげないと」と、先に規定されている、揺るぎない「社会」というものがあって、それが大前提だから「これぐらいできないと」となるわけですよね。「だってこの子が困るでしょ」と。意地悪してるわけじゃなくて、本当に善意なんです。挨拶はわかりやすい例です。でも、その善意自体はわかりますが、本当は社会だって場所によるし。

勅使川原　そうなんですよね。ある種、そこで呼んでいる「社会」というのが、変わりそうもない魔物で、個人というのはその魔物に服従するほかないかの存在になっていますね。

武田　一口に「社会」って言っても、カタい職場もゆるい職場もあります。自分に合う場所を探すことも選ぶこともできるし、同じ場所であっても変わっていきうる。もっと「変わっていくもの、変えていけるもの」という、可変的な社会観を広げていきたいです。

マッチョ全力問題――「本当に全力でやったのか」

勅使川原　「本当に無理なのか」問題と関わるのかなと、いま聞いていて思ったのが、学校って何事も「全力」でやらないと駄目ですよね。

武田　全力というと？

勅使川原　いいいい、本当に全力でやってみたのか、挑戦したのかどうかみたいな。「できるけれども、

武田　とても疲れる」が許されないのは、「疲れたぐらいでは駄目」なわけじゃないですか。不能に陥った、なんなら倒れる寸前ぐらいじゃないと駄目という、これは何なんですか。マッチョ全力問題。

勅使川原　ああ……それしんどいですよね。でも、自分も結構、その価値観を吸収してきてしまっているなとも思います。

武田　でも、そうもなりますよね。私の学生時代は、皆勤がバキバキに奨励されていました。

勅使川原　皆勤賞を表彰している学校、まだそれなりにあるようですね。

武田　減ってはいるとか。皆勤じゃないとダメなのか？　は学問的にも問われてきていますよね。保坂亨さんの『学校と日本社会と「休むこと」:「不登校問題」から「働き方改革」まで』（東京大学出版会、2024年）など。

勅使川原　全力イズムはありますよね。

勅使川原　疲れたぐらいじゃ駄目なんですよね。「疲れた」って言ったら、すごく怒られたじゃないですか。

武田　ああ、わかります。「疲れた」って言うと「簡単に言うな」みたいな感じって、ありますね。

勅使川原　私、冒頭でも言いましたが、元気はつらつ！　という感じでは昔からなかったので、声とか目線とかよく注意されていたのですが、歩き方まで言われたことがあって。「覇気がない。女子中学生らしく歩け」と、校門に立たれている先生に怒られたことも（笑）。「子どもらしく」していないといけない。

武田　私は、小学生のときによく、机に腕を伸ばしてそこに頭をのせてだらっと授業を聞いていて怒られました。

勅使川原　教科書のかたい角でたたかれるパターン（笑）。

武田　これは結構、繰り返し怒られましたね。ちゃんと聞いてたんですけどね（笑）。

勅使川原　聞いているかどうかじゃなくて、「聞く姿勢」が問題なんですね。あるある。なぜこうも全身全霊、全力を求めるんでしょう。

２０２４年の大ヒット書籍である三宅香帆さんの『なぜ働いていると本が読めなくなるのか』（集英社新書）でも、半身で働けないと書かれていますよね。でも学校で、「半身でいい」だなんて認められた試しがない。

学校の先生も、それぐらい全身全霊で働いているということなのかな。

武田　全身全霊で働かねば……と頑張ってる・踏ん張ってる先生はきっとたくさんいると思います。全身全霊が悪いとは思わないし、すごいことだなって思うんです。

でも、本来それは、自分が「これを全身全霊で頑張りたい！」と思ったものにすることであって、他人が強いるようなものではないと思うんです。

それに、自ら「これだ！」とコミットしたことであっても、別に常に全身全霊でなくてもいいよなとも思います。

勅使川原　たしかに。全方位的に全力でやったら死んじゃう。

全身全霊でないと「不真面目」「やる気がない」「手抜き」「要領だけはいい」……これはしんどい価値観の一つですね。ただここまで染み渡った価値観をどこからどう変えればいいのか、いまいちわからずにいる私としては、武田さんのおっしゃる「学校の正しさカード」は、そういうところの改革にもつながっているような気がして、わくわくします。

武田 そうなったらうれしいですね。

学校は「正しさ」に溢れているなというのは、他のところでも実感していて。勉強の仕方について、「こういうふうに取り組もうね」「こうやるといいよ」という指導やアドバイスが先生から発せられることはよくあることですよね。それ自体は問題ないし大事だとは思うんですけど、そこに「学習への臨み方」、つまり姿勢や態度、心の持ち方のようなものが含まれて「こうあるべし」みたいなかたちで階段的なモデルとして示されることがあって。そうした固定化した理想って、けっこう苦しいんじゃないかと思うんですけれど。

勅使川原 それを示してる先生自身は、しんどいとは思っていないんですよね。

武田　きっと、わかりやすくて子どもに説明しやすいから使ってるってことなんだろうと思います。「こんなふうに成長していけるといいよね」と。もちろん指導上手な先生は、モチベーションを喚起して励ます方向性でそれを使うんだと思うんですが、設定されている〝良き姿〟に当てはまらない子を「こういうのはだめ」と否定するようなメッセージが伝わっちゃうこともきっと少なくないだろうと思います。

勅使川原　まさに言動に良し悪しをつけ、なんなら序列までつけるという、能力主義的な発想そのものですよね。一元的な基準で態度まで縛られると、もう何も言えないですよね。口を塞がれるというか。

武田　あと、「授業に参加しない」とか「前向きに取り組まない」というようなことがあったときに、それを「その子の問題」として捉えて、個人の成長だけを求めようとすることに、私は違和感があって。教え方や授業の構造・クラスの環境は変わらなくていいんだっけ？　って思うんですよね。やっぱり社会モデル的な考え方というのはすごく重要だと思います。

「管理すること」の自縄自縛

勅使川原　うちの息子は、「やる気がない」「好きなことしかしない」とか通知表に書かれてきましたが、もしそういう一元的な「学習への臨み方」の評価軸に照らした場合はひっくーいところにいて、指導の対象ということですよね。好きなことはやるなら、それでいいじゃん、とはいかないわけなんですよね。そういうのは「わがまま」で、自律的な学びでも協働的な学びでもないと。

それもあって、この「学校の正しさカード」は、いち保護者としても、脱・能力主義を試行する在野の研究者としても、現場での実践を切望します。ちなみに、実に素敵な取り組みですが、ある意味で「逸脱」例とも言えるでしょうから、浸透には戦略が必要そうですよね？　どこからじわじわいこうかな、とかって作戦はあったりしますか。

武田　ひとまず今のところ、教職員研修で使いたいなと思っています。逆に言うと、ほかにはあまり使いどころが思い浮かばない（笑）。

このワークは、今言われている合理的配慮よりもさらにもう一歩進んだことを問題提起していると言えるかなと思っています。

つまり、現状としては、ディスレクシアの子が手書き以外の方法でノートを取りたいという要請が受け入れられない、というような、明確に診断が下りているケースですら、配慮してもらえないことがあるわけじゃないですか。でも、この正しさカードでは、さらに踏み込んで障害や診断の有無に限らず、「みんないろいろあるよね」ということを扱ってるんです。単に性格だったり、タイプだったり、食べるのが早い・遅いとか、ただの個人差、感じ方の違いとされるようなところ。

勅使川原　実際に、「生理現象」って書いてあるものね。おっしゃるとおりですよね。

武田　例えば、トイレに行くことを申告するのはハードルがとても高いと感じる子もいます。「行ってきていいですか」「いいよ」のやり取りも「なんだかなぁ」と個人的には思いますが、それだけではなく、「行ってきます」と言い切りで申告するにしても。

勅使川原　確かに。これは日本特有ですか。

武田　割と海外でも有名みたいです。「日本では生理現象を申告させられるんだ」と。「日本人って、めっちゃ働くらしいね」と同じようなノリで、「トイレに行くって言わなきゃいけないんでしょう」と言われたことがあります。

海外の人からすれば、「別にシュッと行って、シュッと帰ってくりゃいいじゃん」という感じのようです。

勅使川原　何事も許可制が多いですよね。「○○していいですか？」もだし、挙手して当てられるまで発言しちゃいけないとかも。

武田　大人数を一斉指導する場面では、そうせざるを得ないこともあるよなとも思いますし、安心・安全のためには一定の秩序は必要だとは思っています。

ただ、秩序が大事というのは圧政でＯＫとか、何でもかんでも先生がコントロールしていいということではないです。一見、とっても自由に見える海外のオルタナティブスクールなどにも、秩序はあるんですよね。日本においては、許可制も含め「管理せねば・コントロールせねば」という思いや姿勢が、先生たち自身のことも、しんどくさせていると思います。

勅使川原　許可を求めさせているのは先生なのに？

武田　ジレンマですよね。自縄自縛というか。許可を求めさせて管理せねばというふうになって、管理しようと思うと、注意や指導や叱責が増える。もちろん子どももしんどいですが、先生たちも業務が増えるし、もちろん楽しくないですから……。こういうことは、すごくあると思います。

ちなみにトイレ問題で言うと、例えばオランダのイエナプランの学校は、トイレの個室が三つだったら、おもちゃのネックレスみたいなものが壁に三つ掛かっていて、それを首にかけてトイレに行き、帰ってきてネックレスを戻す……となっていました。日本でも、似た方法を取り入れている先生はいるんです。

私の知り合いで、自由進度学習や『学び合い』を実践している豊田哲雄さんという小学校の先生がいるんですが、課題が終わっているかどうかを把握するのに子どもの名前のマグネットとホワイトボードを使っているんですね。真ん中に線が引いてあり、最初は全員分のマグネットが左側に貼ってあり、終わった子は自分のマグネットを右側に移動させる、みたいな使い方なんですが。そのボードの端っこにトイレゾーンをつくり、トイレに行く人は自分の磁石をトイレゾーンに置く。そんな感じで、別に言わなくていいようにしていましたね。

勅使川原　クラスみんなに聞こえる声で言わせるのとか、ちょっとしたお仕置きですものね。

休み時間に行かなかった罰かのように、恥ずかしいことをさせて行かせる。

武田　確かに辱めのように感じる子も絶対いますよね。ちなみに、豊田さんはホワイトボードのトイレゾーンにはトイレマークとかじゃなくて、水に吸いこまれていくスパイダーマンのシールを貼っていて……配慮とユーモアがあると思いました（笑）。でも、許可をとらせたり申告させてる先生たちも、お仕置きしているつもりは全くないと思いますよ。

勅使川原　あら、見せしめなのかと思ってた。そうではないんですね。

武田　ないと思いますよ。ただの安全管理だと思います。だから、「それ（黒板に貼って行く）でよくない？」となったら、それでいいとなる場合も多いと思います。

勅使川原　そうか。でも、「何でさっきの休み時間に行かなかったの」「また行くの？」とかって、怒られる場合もありますよね。

武田　それはありますね。しかも、行ったとしてもね。

勅使川原　そうですよ。急なことは誰にでもありますよ。

武田　それはいろいろある。

勅使川原　「いろいろある」って何の変哲もないようで大事なことばだと思っていて、すごく当たり前のことなはずなのに、どうして学校って、こんなに「いろいろある」ことを許してもらえないんだろうか。逆に言うと、あらゆる事情を先読みすること、パターンどおりに収めることなんて無理なのに。

人間だもの、の話のはずが、望ましい子ども像めがけて、一心不乱に自己修練していかないと、学校に居場所がつくりにくい。さらには、学校でうまくやれない話を、「社会に出て困るのはきみだよ」と社会や労働とつなげて、戦々恐々とさせるから、たちが悪いような。

武田　自由にするとか、任せること、子どもの選択肢がいろいろできてしまうことが、教師にとって大変そうに思える……というのは一つあるかもしれません。

勅使川原　管理コストという観点か。

武田　そうですね。あと、平等主義だと思います。みんな違う対応をすることが、不公平だと子どもたちが思うだろう、とか。「他の子との整合性」問題。

勅使川原　公正ではなくて、平等の話ですよね。異なる個人に、一律、同じものを与えているか？　という意味の平等。それぞれが持てる力を発揮できるかどうかが問われていて、そのために必要なものはみんな違うんだから、個々人に適切な環境調整をして、公正であろうよ、とはなかなかならない。

「言うんじゃなかった」の学習の果てに

武田　「保護者が不平等だと思うかもしれないし、クレームが来るかもしれないし」みたいな気持ちがきっとどこかにありますよね。でもそういうときは、人はそれぞれいろいろあるので、事情があれば異なる対応をするということの合理性、必要性をきちんと説明して対話するしかないんじゃないかな……と思います。

あとは、社会観の話にもなりますが、説明したらわかってもらえるという信頼感がないのだと思います。それは先生だけではなく、社会全体が、もう。

何か理由があるときに、理由を説明したら「なるほどね」とわかってもらえるだろうと思えないから、不信をベースに、あらかじめ防衛策をとることになっていることが多いのではないかと。

勅使川原　それは面白い。確かに、「話せばわかる」の手前で、話し合いの場を設けようとした時点で、問題フラグのようなのが立ちますよね。「この人、話したいって言っているんですけど」みたいな。なんか面倒なこと言い始めたぞ、ってね。本来は誰でも話さなきゃわかり合えないはずなのに、話し合わずに阿吽の呼吸で言えるスムーズさ、平穏さのほうが圧倒的に重用されていますよね。それは確かに効率という面ではいい。

武田　そうですね。それは学校に限らず。

勅使川原　そう。それはなぜなんだろう。どうして話し合おうとしてはいけないのだろうか。

武田　話し合いに関しては、卵かニワトリかというような感じだと思います。話し合いを成立させるスキルを練習する機会を持たずに大人になる。だからいい話し合いの経験がない。いい経験がないから話し合おうと思えない。そして実践値が上がらないからスキルは育たない。

勅使川原 私はそうだし、ひょっとしたら勅使川原さんもそうかもしれないですが、「ちゃんと話せば、多くの人とはある程度わかり合えるはず」と思ってはいますよね。でも、そうではない人が、きっとたくさんいるのだろうと思います。

武田 話し合ったことを後悔したり、心が折れた経験があるということですか。

勅使川原 そうだと思います。「言うんじゃなかった」って思う経験。学校でもどこでも、話し合いをして、本音を言えと言われて言ってみたら、結局、聞かれた感のない「大事にされなかったやん」という終わり方をして、「いったい何だったんだろう」みたいな。「こんな思いをするのだったら最初から言わないほうがましだ」という学習を、めちゃくちゃたくさんの人がしてると思います。

勅使川原 会社のエンゲージメントサーベイ〔従業員のモチベーションや会社に対する愛着心、忠誠心などを測定するためにおこなうアンケート調査〕とかにも似たものを感じます。組織風土とか、個人の熱意という目に見えないものを、匿名の社員の生の声によって可視化しようという試みのはずですが、日ごろ言えない問題点を言おうものなら、「これ書いたやつ、たぶんあいつだよね」とか、犯人捜しがはじまったり、「匿名アンケートに垂れこむなんて最低だ」とか、本来の目的と反した報復も、正直言って存在しています。

「言うんじゃなかった」とは失望ですよね。学校でも、仕事でも、繰り返し味わう羽目になる、コミュニケーションへの失望。「口は災いのもと」と言ったかと思えば今度は「目は口ほどにものを言う」って……口も目もダメなんかい！ っていうのもあります。かろうじて残るは鼻で息を吸うことが残された手立てって、文字通り息苦しすぎますすよね。

武田　子どもも大人も、「話したらいいことがある」という実感、成功体験のようなものを具体的にどれだけつくるかが結構ポイントだと思っていて。

勅使川原　「話してみたらよい結果になる（なった）」という？

武田　そう。「話してみたら、結構よかった」とか、「違う意見だけど聞かれたな」とか、

勅使川原　「違う意見の人と話したら世界が広がった」とか、「よりよい結論にたどり着いた」とか。

武田　どっちの意見が通った！　みたいな勝敗つきのディベートでじゃなく、ですよね。

勅使川原　そう、Aの人とBの人がしゃべったらCが見えたみたいなことです。

武田　これは、何て呼んだらいいのかな。

勅使川原　「対話」ですかね。

武田　そうか。でも、「対話的な学び」といってやっているのに、今の学校の現場が対話を信じられないでいる。

それってつまり、話し合いのプロセスや出た結論について、「そこに自分の声も含まれている」とか、「尊重された」という感覚がないってことですよね。

だからこそ、ここにも載っていたデモクラシーのピラミッドの4ステップ（次頁）

でいうと、まず一番下の段がちゃんと土台になってる必要があるってことなのだと思っています〔武田緑『読んで旅する、日本と世界の色とりどりの教育』教育開発研究所、2021年〕。

勅使川原　なるほどなぁ。日ごろ散々「感じるな」「つべこべ言うな」と言われてきた気がするけども、まずは情動的な主体の受け止めが必要なわけですね。

武田　そうなんですよ。だから、この段をすっ飛ばして「対話的な学び」とか言うと、そんなものは偽物だよね、となってしまう。

勅使川原　物事に単純な良し悪しや序列はないですが、達成する上で必要なステップ、順序というのは私もある気がしていて、初作『「能力」の生きづらさをほぐす』（どく社、2022年）でも特に思いを込めた点です。拙速に良し悪しをつけずに、「そう思ったんだね」「悲しいんだね」「悔しいよ、それは」と受け止めてもらえた経験からしか、自己なんてものは立ち上がらないのだと。

武田　本当にそうですよね。まさにまさに。

勅使川原　この受け止めるという行為は一見するとプリミティブなようで昨今では難しいものになっているように思います。管理する側はどうして相手に自身の気持ちを気づかせてくれないのですか。面倒くさい？

どうせやるなら、さっきの階段は1歩目から上らないといけないじゃないですか。教育に携わる人は本当に熱意をもって精魂込めて教育のことを考えていらっしゃるのだと感じます。それなのにどうして1歩目をすっ飛ばしちゃうのでしょうか。

武田　先生自身も自分の気持ちやニーズにアクセスできているかというと、なか

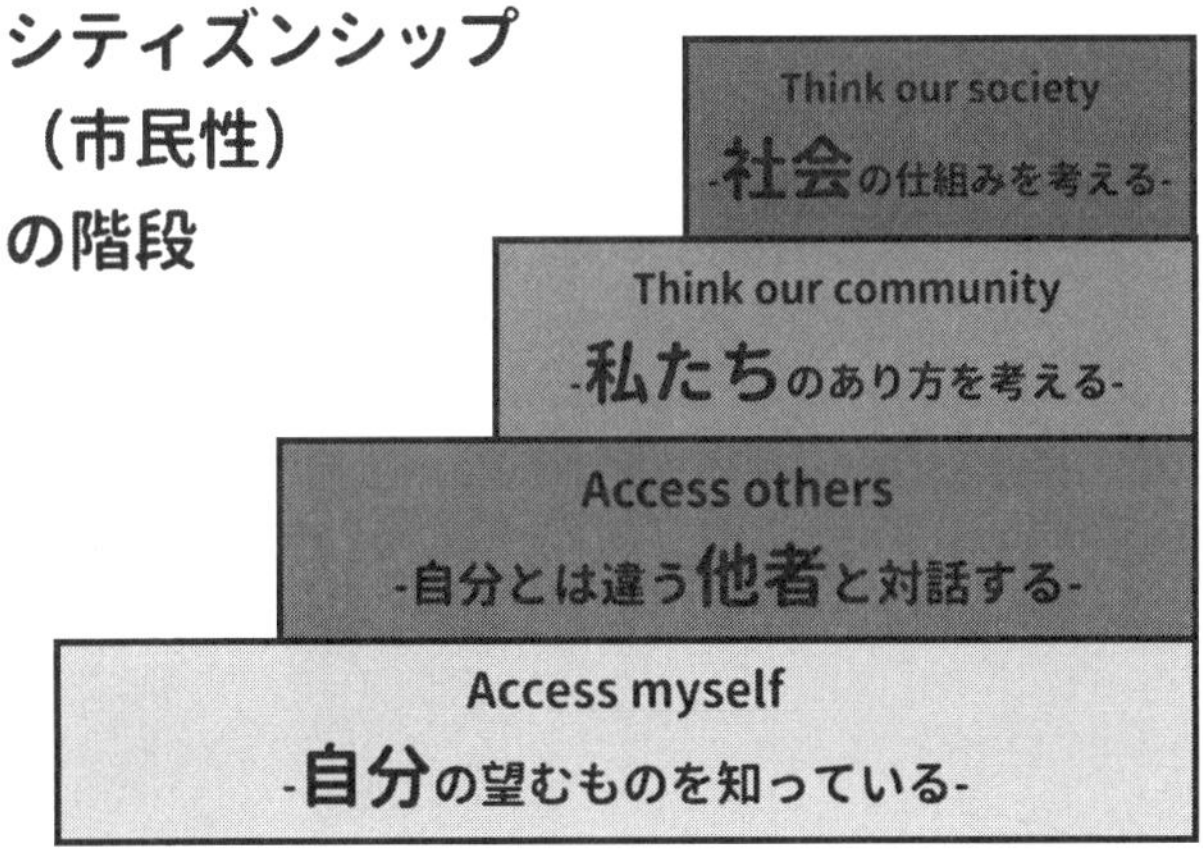

シティズンシップ
（市民性）
の階段

Think our society -社会の仕組みを考える-
Think our community -私たちのあり方を考える-
Access others -自分とは違う他者と対話する-
Access myself -自分の望むものを知っている-

シティズンシップ（民主性）の階段（武田緑「「民主的な教育ってなに？」がちょっとずつまとまってきた」note、2019年3月18日より）

なかそうではないのかもしれないと思います。その状態で子どものニーズを尊重するって、結構難しいんじゃないでしょうか。

「本当はそれをしたくないけれども、求められる立場上やらないといけない」とか、「現場の自分は全く納得できないのだけれども、上から下りてきてやらされる仕事」とかを日々やっているわけですよね。

だから、自分たちが抑圧されていることに気づき、おかしいと思えていないといけないし、できれば、おかしいと言えていないと、それを子どもにしないというのは難しいんじゃないですかね。このあたりは、川上康則さんの『教室マルトリートメント』（東洋館出版社、2022年）にも書かれていますよね。


勅使川原　そうですね。

つい先日、「日本の学校は民主主義とは真逆のことばかりしている」という、ある教育系インフルエンサーの方の発信を目にしました。それは確かにそのとおりなんだけれども、じゃあ足元の教育の変革を、果たしていかほど「民主的に」やってきたか？　というのは甚だ疑問です。

これまで日本では、現場で尽力されてきた現場の先生方には過重労働をさも当然かのごとく強いて、さまざまな規範的価値観で縛り、声を上げることを暗に許してきませんでした。民主主義の礎であるはずの対話が用意されてきたかは甚だ疑問です。ここにも同じ構図がありますよね。

武田　学校の民主化を進めるときに、そのプロセスも民主的であることは大切ですよね。トップダウンかボトムアップかは二項対立でどちらかだけということはないと思うのですが、でもやっぱり、平場（ひらば）の教職員の声を聞いて、それに応答しながらプロセスを歩んでいくことは大事ですよね。

学校の先生がそうせざるを得ない合理性を追って

武田　ここまでお話ししながら思ったのは、私自身、基本的には勅使川原さんと同じような点に違和感と問題意識を持っているのですが、先生たちとの付き合いが多い分、心情としては先生たちにかなり共感的というか、庇いたい気持ちが発動しちゃうなということです。現場の実情を解像度高く知れば知るほど、一概に批判できなくなることや、そりゃそうなるよな……と感じることは多いです。

学校で子どもが傷ついていることに対して「それってどうなんですか」と憤りを覚えることはたくさんありますが、構造的な問題がかなり大きいと思っていて、余裕がなく、非常に高いストレス状況にある人たちに、「もっと」を求めるのは酷だよなというような気持ちも湧いてくる。

あと、やっぱり変えるって難しいことなんです。ここまで話したようなことを変えていこうとすると、職場の中に敵対構造が生まれやすいですよね。変えたいと思っている人は大抵マイノリティなので、真正面から闘っても勝てないというか……。

そういう意味では戦略も必要だし、自分にとっては「ひどい」と思える同僚の先生たちを、やっつけるべき敵として置くのではなく、その人がなんでそうなっているのか、何を守り、何が不安でそうなっているのかというようなことも考えないとなって思っています。もちろん、言うは易し、やるは難しなんですけれども。

社会を変えるには、今の、自分が良くない・変えたいと思っている社会の中で、ある程度影響力を持ちながら、今の社会を批判して変えていく必要があるじゃないですか。聞く耳を持ってもらわなきゃいけないから。職員室でも同じで。

つまり、今の主流の文化とか価値観、教育観の中である程度認められながら、職員室内で発言力をある程度持ってもらいながら変えることをやる必要があって、それって二重(にじゅう)に大変なことですよね。

勅使川原　先生たちの合理性はおっしゃるとおり、絶対にありますよね。

まさに、変えるって、そういうことですよね。私が教育や職場の能力主義を脱構築して、脱・能力主義的な代案を探っているのも、僭越ながら非常に近しい志向性からな気がします。構造的（システマチック）に今の現状があるわけだから、まずはメカニズムを紐解く。その上で、よりましなあり方、現実的な落としどころを対話で探っていく。

武田　私の知っている、学校をもっとインクルーシブに変えていこうとしている先生たちは、それぞれの戦略をもってやっているように思います。例えば人一倍働くとか、みんながやりたがらない仕事をやるとか、本を出して対外的に認められるとか。ある種、ちょっとマッチョにならざるを得ないところもある。

勅使川原　作戦が必要ですよね、おっしゃるとおり。

武田　ただでさえ、学校にいるだいたいの人が120%ぐらい働いているとして、そこからさらに学校を変えようと思うと、150%働かないといけない。もちろんそれは一時的なことでうまくいけば負担は軽くなっていくはずですが、それでも一時的にでも150%を引き受ける人が要るという事実は、変え難いなとも思う。

でも同時に、それをやることで、下の世代にマッチョにやるしかない、というメッセージを発信してしまっているのかもしれないですよね。超ジレンマです。でもそのジレンマを抱えながら、変えようと踏ん張ってる先生たちは結構いる。本当にすごいし尊敬します。私自身も、同じようなジレンマを抱えつつ活動してるなと思う部分もあります。

勅使川原　スポークスマンって、そういう感じですものね。

武田　でも、ミイラ取りがミイラになる危険性は常にありますよね。気をつけないと。

勅使川原　わかります。私は完全に一度ミイラになりました（笑）。危ないです。いまだに、ギリギリというか、危ない橋を渡っています。

武田　ただ、変えていくってそういう仕事ですよね……。

勅使川原　本当にそうなんです。この社会は自分も含めて、承認されたい人がほとんどだと思っているから、何か第三、第四の道を探るにしても、開口一番「ダメじゃないですか」では埒が明かない。入口はやっぱり、承認、受け止めだと思うんです。
組織開発においてよく言うのが、新刊の『職場で傷つく』（大和書房、２０２４年）でも書いたのですが、「謝意からはじめる」ということ。「こんなぐちゃぐちゃななかでも、よくぞ踏ん張ってこられましたね。この役目を担ってくださって、ありがとうございます」と、まずは感謝なんです。
その上で、さっきの話じゃないですが、「あなたをそうさせるという構造がありましたよね。構造をまず理解して、それに合わせて合理的にやった過去は１回流しましょう」というような話を組織開発の中でもよくするなと思って。

武田　それは本当にめちゃくちゃ大事ですね。

勅使川原　まぁここだけの話、こっちがごみだめのようにもなりますけれどもね。私、風呂に塩を入れていますよ（笑）。
対話って、美しきもののように言いますが、実際のところ、人間の感情や欲望の渦と日々対峙することなので、疲れることは当然あります。そんなときは塩で邪気を払うのです。

武田　何の話でした？（笑）

勅使川原　あれ、私だけ？（笑）

武田　いやでも、それでもやってらっしゃるわけですよね。大変だけど本当に重要なお仕事だと思います。

勅使川原　いや、話を戻すと、さっきの仕事の話で、１００％を超えて、１５０％になるときがあっても今は仕方ないと思い、歯を食いしばって活動してしまっている部分が自分にも確かにあります。

武田　そうなんですよね……。私も、振り絞らなければいけないときはやるしかない、とは思っています。常には無理ですが。

弱音が開かれるとき

勅使川原　お子さんを産んだ後でどうしているのかなと、何となく思っていました。

武田　私の場合は、パートナーも一緒に家事育児をやっているし、保育園も行っているし、実家や義実家や友人たちなど、いろいろなところに頼りながらやれているんですよね。ありがたいし、何というか特権だなと思います。たまたまなんとかなっているところはあると思います。

勅使川原　確かに、なんとかやりくりできている、というのもある種の特権ですよね。さらに言うならば、特権を持っているからどうこうではなく、自身の特権に自覚的であることが肝要ですよね。

ちなみにちょっと話が逸れるかもなんですが、私は、30代で進行がんを患ってはじめて、ゆっくり休めたんです。それまでは、強さや高い能力を証明するために、常に全身全霊であることをアピールしつづけていたというか。今となっては鳥肌ものですが。冒頭の話じゃないけど、疲れたと言うことを許された記憶がないのは本当につらい。

がんだろうが健康だろうが、疲れるときや調子が悪いときは誰にでもあるわけで、誰でも当たり前に休むという権利を行使できるのが一番。そんな難しい話じゃないはずなのになぁ。

武田　いやあ、そうですよね。めちゃくちゃ共感します。休めるの、本当に大事。

勅使川原　「気をつけ」「休め」の「休め」以外、姿勢ひとつとて、崩すと注意されたよ。

武田　しかもそれ、「休め」の姿勢は、別に休んでないですね（笑）。

勅使川原　確かに。便宜上、「休め」と呼んでいるだけで。休んでいる芸を続行したまま、炎天下で校長先生のお話を聞いていたあの日の私を抱きしめたい気持ちです（笑）。

――（編集部）その意味では、ご家庭のほうが休みに対するアップデートが早いのかなという感じもあります。発達障害などで疲れやすかったり不安が大きかったりするときに、事前に週の見通しをもって自主的なおやすみを設定するというお話を結構お聞きします。

武田　そういう判断は、持続可能性を考えると、ものすごく大事ですよね。本当は、大人ももっと休めないと、と思う。

勅使川原　前の日が遅かったら、次の日は11時からでも問題ない仕事というのは、本来は多々ありますよね。

武田　確かに。なんとなく「朝起きて、何時から何時ぐらいまではだいたい働くものだ」という観念がありますよね。働き方はもっといろいろあり得るのに。

勅使川原　人材管理上のコストを安く済ませるための画一性。

武田　その影響だと思いますが、〝イメージ上の一般企業〟で働くことを想定したつくりになっていますよね、学校も。朝型の人に最適化された時間設定で。朝が苦手な、特に思春期の子たちとかの中には、起立性調節障害〔自律神経系の異常で循環器系の調節がうまくいかなくなる疾患。立ち上がったときに血圧が低下したり、心拍数が上がり過ぎたり、調節に時間がかかりすぎたりする〕の子とかもそこそこいるなかで、「そういうものだから、これぐらい合わせなさい」と。高校は単位制とか多部制とかもありますけど。

全員フレックス登校だと確かに運営上はちょっと大変かもしれないですし、必ずしも「何時登校でもいいシステムにすべきだ」と主張したいわけではないんです。でも、「基本的には8時半に登校」だとしても、「便宜上そうなっているけど唯一無二の正解でもないし、それに合いづらい子はいるよね」と思えて、「それで、じゃあ、どうしようか」と考えられたらいいのにな、と思います。
社会モデル的に環境を見直す発想のほうが、本当は子どもだけではなく、先生も楽なはずだと思います。煮詰まらずに済むから。たびたび、いろいろなところでこういう、社会の捉え方の話をするのですが、やはり「こういうものだから」で止まってしまうことも多いです。
でも、社会や学校……じゃなくても、家庭でも、クラスでも、地域のスポーツチームとかでもいいんですけど……変えていけるんですよね、本当は。そうとは知らない、そうと思えていないだけで。

勅使川原　本来はそうですね。ごもっとも。
試してみて、たとえ変えられなくても、「話せたからよかった」みたいな経験が増えたらいいよなぁ。

武田　そうそう。
それでいうと、私が理事兼事務局長をしているSchool Voice Project（SVP）は、先生たちが主体の団体ですが、活動を進めるプロセスが民主的であることはとても大切にしています。時間はかかるけれども、話し合って決めるとか、納得感を大事しよう、と。

ただ、同時にちゃんと社会にインパクトを与えることも目指しているので「成果を出す」と「民主的にやる」という二つの綱引きの中で、「今はこの判断にしようか」というような対話をどうにか頑張っています。

勅使川原　確かに、それはジレンマですよね。

武田　ジレンマです。目標を下げてやっていくことはできます。でも、「目標は下げないよね。だって、見たいビジョンがあってやっているのだもんね」というところがあるから。その大変さをみんなで「いや、大変だよね」と言い合いながらやっていく。もちろんメンバー間での温度差は意見の違いはありますし、「ごめん、ここは事務局案でいかせて！」みたいなこともありますが。

勅使川原　そこでは、素直に「疲れた」と言っていいんですか。

武田　そうですね、みんなで「疲れるね」と言いながらやっています（笑）。

勅使川原　いいですね。それは民主的だな。

武田　あとは、「パスあり」「ちょっと今、きついんで任せます」みたいなものも大事だなと思っています。みんな本業がありながらの活動なので。

SVPの活動の一環で「エンタク」という、教職員と学校応援団でつくるオンラインコミュニティをやっているんですが、そのなかで「今日の一言」というコーナーがあって。つぶやきが24時間で消える仕組みになってるんですけど、そこも、どうでもいいことや愚痴や弱音も書きやすい場になってるなと思います。

勅使川原　そこでも、良し悪しをつけずに、ただ反応し合えるんだ。

武田　ブログや消えないつぶやきも書けて、皆さん自分の思いや実践を綴ったり、お互いに現場の状況や考えを尋ね合ったり。イベントもたくさんやっています。

勅使川原　誰かが編集するわけではなく？

武田　いわばクローズドのSNSなので。みんな書きたいように書いています。内部限定だし、外部漏えい厳禁というルールで入っているので、割とリアルに悩んでいる話とか、Facebookには書けない話も書ける。たまに、「エンタクにも書けないことが今日はあった……」みたいなつぶやきもありますが。

勅使川原　面白い。これは仮名でもいいんですか。

武田　ニックネームでもいいけれども、運営側には本名がわかるようになっています。現職教員の人は勤務校も書くことになっていますが、これも運営側が確認できるだけで、他の人には見えない仕様です。

勅使川原　所属もわかるんだ。大事。エンタクすごい。
ちなみに、SVPで一緒に活動されている学校の先生方が、さきほどの対話的な組織をつくっていく過程で、なにか変化があるという感じはしますか？

武田　そうですね。人それぞれではありますが、そもそも理事レベルで入っている人たちは、対話する文化というか経験が、それなりにある人たちだと思います。

でも、対話慣れした人同士で対話できるということと、その文化がない職員室に新たに対話の文化をつくれるかどうかというのは別の話ですよね。理事はもちろん、エンタクにつながっている先生たちみんな、苦労・葛藤してもがいてると思います。

今のところ、エンタクの存在意義というか、先生たちへの影響として一番意味があると感じているのは、たとえ職場でマイノリティであっても「自分がおかしいのかな」と思わないで済んでいることなのではないかと思います。

勅使川原 それは貴重な場だ。

武田 職場でモヤモヤしたり、「何だこれ？ こんなのおかしくないか」と思っても、言えずにため込んでいたり、言ったけれども誰も共感してくれないような状況が繰り返されていると、自分がおかしいのかなと思ってしまいますよね。でも、SVPのコミュニティにつながっていることで、「おかしくはない」と思える。

エンタクもまだまだ発展途上なので、赤裸々な話が常時飛び交っているわけではないのですが、それでも中にいてブログを読んだり交流会に出たりしていると、頑張って前に進んでいる人、もがいてるけど挫けそうな人……いろんな人がいることがわかるんですよね。

その、仲間だと思える他者の存在が感じられることで「エンパワーされます」と言ってくれるメンバーの方がいて。それは嬉しいです。

そういうつながりや同志を求めてる人はたくさんいるんじゃないかと思います。逆に言うと、それが得られなければ続けていけない人もきっと多いだろうと思ってて。そうすると学校に残るのは……

勅使川原 ……ですよね。

武田 学校という現場でもうちょっと踏ん張ろうかな、もうちょっとこのチャレンジをしてみたいなと思えるようなサポートは多少なりともできているように思うし、お互いにヒントを得たり、学び合って励まし合う関係はつくれてきているのではないかと思います。

それから、世の中で「学校改革がうまくいっています！」という発信は、なんというか、キラキラをまとっていることが多いけれど、ＳＶＰのコミュニティ内は別にキラキラしていないんですよね。例えばメンバーの誰かがメディアなんかに取り上げられることがあったとしても、エンタクの中ではその人がもがいている様子も見えたりします。

自分がしんどいときって、よそのキラキラがパワーになるときもあるけれども、どちらかというと、当てられて疲れるじゃないですか。

勅使川原　疲れます。

武田　だから、キラキラしないのは結構大事にしています。

勅使川原　面白い。それがリアルかな。いつもいつもキラキラなんて、不自然ですからね。

武田　むしろ、積極的に「疲れた」と言うような空気は大事ですよね。「もういやだ！」って（笑）。あとは、「今日はあれもして、これもして、自分めっちゃ偉かった」みたいなつぶやきとかが送られてくる。

可能性が現実として立ち現れるＥＤＵＴＲＩＰ

勅使川原　それすごくいいなと思うんですが、実践の秘訣は何だろう。何が効いているのですかね。

武田　少しずつそうなってきている感じです。そもそも私たちの活動はオンラインで始まったので、実際に会ったことのない人たちが理事同士ですらたくさんいました。でも少しずつオンラインでミーティングを重ねたり、リアルで会ってどっぷり語り合う対話合宿をやったりしながら、コアメンバー的な人たちが増えて、輪が広がって深まっていっている感じでしょうか。最近は誰の知り合いでもない若手の先生がエンタクに迷い込んできて（笑）。でもその人がすごく居場所感を持ってコミットしてくれたりして……そういうのがすごく嬉しいです。

ＳＶＰの活動もその一例ですが、変えていける実感が必要だと思います。「対話って意味がある」という実感をどうつくるか、みたいな。それこそ、この本〔同『読んで旅する、日本と世界の色とりどりの教育』〕で紹介したような学校はそれをベースに動いていたし、そここそが私の感動ポイントだったんですよね。そういう学校はすでにこの世界に実在してる。だから、実現可能なはずなんです。

そういう意味でもＥＤＵＴＲＩＰ〔多様な教育のあり方にふれる海外教育視察ツアー〕を先生たちと回るのはすごく意味があるなと思っています。実際に子どもの声を反映して成り立っている現場、そんなに管理・コントロールしなくても回っている学校の景色を見て体感するわけなので……。

勅使川原　百聞は一見にしかず的なものですね。

武田　そうです。「その場に身を置いてみるとわかる」みたいなことってあると思います。口でいろいろ伝えたり、動画をお見せすることにも意味はありますが、そこに立って、体でわかることがあると思い、ＥＤＵＴＲＩＰをやっていますね。
　これまで、デンマークやオランダ、フィンランドなど、いろいろ行ってます。楽しいですよ。今回の「これくらいできないと」に近いところで言うと、ヨーロッパを見に行って理解するのは、日本って態度が大事な文化だなということ。リスペクトを文字通り「姿勢」で示さないといけない。「聞いている姿勢」のようなものが大事だし、「きちんと、ちゃんと座りましょう」「グー・ピタ・ピン」とか。

勅使川原　やる気もですよね。

武田　やる気も姿勢で示さないといけない。でも、机に伏せって聞いているけれども、やる気があるときはあるじゃないですか。

勅使川原　冒頭でも話しましたけれど、肘をつこうもんならそれだけでも怒られましたものね。

武田　そうなんです。実際に、以前デンマークに行ったときに、ある子がリラックスして床に座って、足をデーンと前に投げ出して授業を受けていたんです。

勅使川原　椅子なし？　自由？

武田　その教室は、机は広いコの字型のように並んでいて、一部の子たちはグループのかたちに机をくっつけているけれど、壁向きに一列に並べてパーテーションで区切られている机で勉強している子もいました。先生の話やクラスメイトの発表を聞くときは、適宜からだと椅子の向きを前のホワイトボードのほうに向ければいい。その際、コの字の真ん中に広い空間があるので、そこに出てきて聞いてもいい、という感じです。床で足を投げ出してたのはそこにいた子なんですが。聞く姿勢、作業するときの場所、一人でやるかグループでやるかなど、バラバラでしたね。

勅使川原　へえ！　それは本人が選んでるんですか。

武田　先生のアセスメントと、本人の意思との調整だと思います。学習スタイル別に選択肢があるんですよね。

勅使川原　面白い。野放しではなく、アセスメントとすり合わせの賜物と。

武田　今のは小学校の話です。もう一つ、別の学校で、高校生がグループワークをしている教室に行きましたが、友達と3人ぐらいできゅっとくっつき、座っている友達の足の上に自分の足を置き、横にパソコンを置き、談笑しながら作業をしている様子はすごく面白かったです。でも、先生も「進んでいるから別にいいんですよ」みたいな。

勅使川原　日本では大変なことになりますね（笑）。

武田　これを見たときに、「ああ、日本は態度主義なんだな」と思いました。

出口となる社会が変わってきているなら

勅使川原　「態度主義」とは、なるほど。

教育学研究科（大学院）にいたときに、都内の超がつく有名私立中高に参与観察させていただく機会がありました。たしか中学3年生の授業を観察しに、教室に行ってフィールドノートをつけたのですが、もう20年前ですが、鮮烈に覚えてますね。

3限にお邪魔しましたが、授業中に弁当を食べている人がたくさんいたかと思えば、席の最前列と最後列で、ずっとキャッチボールをしている子、将棋をやっている子たちとかもいて。観察後に先生方とお話しした際の、先生のことばもまた印象的でした。「あの子たち、聞いてないようで聞いてますから（注意しなくても別にあのままで）いいんですよ。テストしたら、みんなよくできるんです」と。

態度主義ではない運用も一部では確かにあるということなのか。

武田　多くの人が「日本は態度主義だ」と思っているから、学校も態度主義になる。そして、学校が態度主義だから、社会は態度主義のままです。

校則も全部そうですよね。「社会がこうだから学校がこうなっている。学校がこうなっているから、社会がこうなっている」という往還。

勅使川原　マッチポンプのように。そうですよね。だから、学校は学校だけで変えようとしてもできないし、社会も社会というか、企業だけで変えることはできないですよね。でも、誰かがやらなければいけないですよね。

武田　学校も企業もお互いに「あっちが変わらないと無理」と言ってないで、変えられるところから変えてったらいいじゃないかと思います。

勅使川原　本当にそうだよね。

武田　冒頭に話した武藤さんのエビ工場はその一例ですよね。「世の中を見ると、まだ態度主義だったり、決まっていることを文句言わずにきちんとやれという会社も多いよ。でも、そうではないところも実は結構ある。だから、前者のような会社に入りたかったら練習したらいいかもしれないし、そうではない選択をするのだったら、選び方を考えよう」みたいなことを子どもたちには伝えたらいいのじゃないかという気がする。

勅使川原　選ぶとき、本当は、垂直方向の序列ではないですよね。水平方向に多様なアクション、選択肢がたくさん広がっているという認識を、なかなか持てないですよね。

武田　あとは、「なかったらつくればいい」というようなことも、本当はあると思っています。若干、強者の理論っぽいので全面展開はしづらいですが。私は大学生のときに、「就きたい職業や入りたい会社がなかったらつくればいい」「メディアも学校も銀行もつくればいいんだ」と言われて、とっても気が楽になったんですよね。

私、18歳でピースボート（国際NGO。国際交流を目的とする「世界一周の船旅」を企画している）に乗っていたんですが、そこにゲストとして乗ってきた田中優さんという環境活動家の人の言葉です。ミスチルの桜井和寿さんたちがやってるBank Bandというのがあるじゃないですか。あれって有志からお金を集めて自然エネルギーとか環境プロジェクトに融資をするap bankという取り組みがベースにもなっているんですけど、その活動が始まるきっかけになった人です。

勅使川原　つくった人なんだ。

武田　優さんはBand（バンド活動）はしていないですけどね（笑）。

当時自分は大学1年生でした。

優さんにそう言われて、「そうか。学校もつくってもいいんだ」と思って。そう考えたらワクワクするし希望があるなと思いました。

私、ちゃんとした診断は受けていないけれども、いわゆるADHD傾向が強めという自覚があって。衝動性と多動性と注意欠如、全部結構高いと思います。そういう理由もあって従来的な組織の中で働くと、苦しいことになりがちです。

勅使川原　わかる。私も同じ時間に同じ場所に行けない。真面目は真面目なので、一生懸命自分に鞭打ってどうにか切り抜けましたが、かなり消耗しました。

武田　まだ学齢期はそれなりにやれたんですけど……何でだろう。私は大人になってから、より無理になりました。学校時代は選択肢がこれしかない、そういうものだと思っていたから、何とかやっていたのかも。選択肢があると気づいてからはもう不可能になっちゃいました。

勅使川原　わかる。

武田　社会に出てしまえば、態度の示し方にしろ働き方にしろ選択肢がいろいろあるんですよね。大人はある程度選べる。一方で、学校の中には一つの方法のみが「正解」とされていることが結構あって。それだと、特定のタイプの人にとってすごく困ることが確かにある。でも、学校を変えていこうとすると、学校は学校で社会からダブルバインドなメッセージを受けていて、どちらに進んでも怒られるような感じなので、それは現場の人にとっては本当に理不尽だよなと思います。

勅使川原　まったくそのとおり。

武田　たとえば、今の時代は「主体的・対話的にやれ」「多様性を活かせ」というメッセージが文部科学省からも社会からも出ていて、なんとなくそれが優勢ですが、学校教育の制度設計の土台にはやっぱり画一一斉の前提があるし、社会全体も、違いへの不寛容さとか形式的平等主義、態度主義、同調圧力のようなものが底流にある。変えようとしても、保護者や地域の一部からの反対にあったり。その辺が難しいな。

対話が既得権益になる危惧

勅使川原　先ほどの有名私立学校の例に戻ると、選べばできなくはないということですよね。言い換えると、その名門校の場合は、そこに行くだけの学力や文化資本があってこそ成立している部分があるので見過ごせない。社会に出たときの働き方の交渉だってそうです。

つまり、怖いなと思うのは、既に発言権のある、特権のある人だけが対話を楽しめる境地に行って何かをつくり変えるような構図です。最近、少しそういう潮流があるような気がしていて。本当は誰であっても対話のテーブルにつけるはずなのに、それが当たり前のような気がするのに、対話をさせてもらえる、そのテーブルにつくのにエリジブルかどうか（＝適格かどうか）の一線があるみたいな感じがどうもするんです。そんなことはないですか。頑張ってきた人には対話させてあげる、みたいな。

武田　あると思います。「頑張ってきた人」や「能力がある人」など、往々にしてパワーを持っている人がより持っていない人の声を「聞くに値するか」ジャッジしているということは起こっていると思います。

「偏差値が高い学校ほど自由な校風」というのはよく言われることですよね。その逆に、いわゆる困難校といわれるところでは、「うちの子たちは自由にさせても、ろくなことにならない」と思われている現状があると思います。

勅使川原　「そのレベルに達していません」と。おっしゃるとおり。包括的性教育を、一部の先進校とされる学校では取り入れられるけど、という現状も、そういうものですよね。

この思考パターンというのは、あるあるな気がするのですが、人間の性（さが）なのですかね。「これくらいできないと、「自由」を語る権利がない」みたいな。「全身全霊でやったのか、本当に」みたいな。それでもやはり変えられるところから変わっていったほうがいいですか。

武田　はい。それでも、変えられるところから変わっていったほうがいいと私は思います。

勅使川原　そうですよね。改めてはっきりとそう聞けて、すごくうれしいな。

武田　ただ、そう思うけれども、そうやって変えられるところから変わっていくときに、勅使川原さんが提起されたように、その対話や対話の経験が高偏差値の子たちの特権になってしまわないように、注意は必要だなと思います。本来、それは「特権」であるべきではなく、誰にでも保障されるべきものだから。

勅使川原　対話や自由が、誰かの窮屈さの上であぐらをかかせてもらうものになるのはディストピアですよね。仮にも選別的な対話だなんて、ご免です。

人が人のある状態を切り取って、固定的に人間性や能力として評価すること。そしてその評価を他者と比較し、序列づけること。これが能力主義の基本しぐさなわけですが、ともすると評価軸だけ入れ替われど、やっていることは新たなヒエラルキーを生み出すことにほかならない場合がままある。対話してきたことや経験が、新しいヒエラルキーを生まないようにという指摘は、実に鋭いですね。現状で言うと非認知能力なども、近しい話でしょうか。

武田

ああ、それはとても重要な指摘だと思います。「ものさしの尺度」がペーパーテスト学力から非認知能力に変わったり、黙って文句言わずに効率よく働くことから主体性を持って対話ができて創造的なことに変わったとて、パワーのある側が特定のものさしで人を測るということ自体はやめてないよねってことですよね。確かに、それだと暴力性は維持されたままなわけで。

むしろペーパーテスト学力から非認知能力に尺度が変わることで、結果だけじゃなくて態度やプロセスや内面まで評価されるほうが、もっときついかもしれないですよね。非認知能力を数値化できるサービスとかで出てきてるじゃないですか。ああいうのを見ると、もう「やめとけよ……」って目を覆いたくなります。並べて、比べて、評価するという行為を前提とすることに、限界を感じます。

そして、対話の経験も非認知能力も、獲得機会が階層的に恵まれた子たちに偏在していているということですよね。それは、本当にそうなんです。そういう構造になっていますよね。

勅使川原　すごくわかります。

対話自体がもっと公共的なものにならないかと思うものの、なかなか難しいというのも日々感じています。現状では逆に、会社の会議を一律で15分刻みにしましょう、などというタイパ重視で「生産性」に配慮した風の施策のほうが取りざたされている面すらあるような。でも、ペラペラ思ったことをしゃべれる者しかタイパよき会話のキャッチボールなんてそうそうできないわけで。

そういうある種特権的な機能を持った人にしか適用できないルールが組織運営の唯一解のようになっているのは、とてもしんどい。

「主体性」の額縁に飾られて

武田　この世の中は、言語思考の人に優位に運びやすくできているし、突発的にパッとしゃべれる人が優位ですよね。でも、その場で聞かれても答えられないけれども、意見はあるのだということはよくあります。

だから、考える時間を確保してくれたり、事前に議題を伝えてくれたりしたらもっと意味のある参加ができるし、言いたいことも言えるのに、職員会議がそういう構造になっていないから、いつも意見が言えない。そして、そのとき思ったことを後から言ったら、「もう決まった」「会議のその場で言わなくちゃ」と言われる……というような人が先生たちの中にもいて、そういうところも問い直しが必要だと思います。

私は、その点ではペラペラしゃべれるほうなので、気をつけないとな、と思います。みんなが自分のような感じだと思って話し合いの場やコミュニティを運営してしまうと、図らずも抑圧している……というようなことはたくさんあるだろうと思う。

それから、これは完全にマジョリティ仕草だと思いますが、ことばにできない、ことばですぐに出てこない人を「能力が低い」とみなしてしまう自分が頭をもたげてくることがある。これはかなりはっきり自覚しているので修正したいと思って練習中です。

勅使川原　確かに、反応が薄く見えたり返答に時間がかかると、沈黙を待てずに、助け船を出さなきゃ、などと思うことはしばしばあります。相手にとって「助け船」かどうかなんて到底わからないことなのに、傲慢ですよね。

武田　そうですよね。パッションがないと思ってしまったり。それは決め付けてはいけない、そうではない可能性もある。

勅使川原 前のめり感とかもですよね。身につまされます。企業内や学校でも。「主体性」の意味も、いま狭過ぎますよね。

武田 そうですね。学校で「主体性」ということばを聞くときに、「いまおっしゃっているそれは「主体性」ではないのでは……」と思うことが結構あります。「こちらがやらせたいことを自ら進んでやってほしい」というのを「主体性」と呼んでいることがあるような。それは主体性ではないな、と思うんです。本当に主体性を求めるのだったら、自由度をもっと上げないと出てこない。

勅使川原 おっしゃるとおりですね。企業が求める「主体性」も酷似した状況です。体制側〈権力がある側、管理側〉が求めるものを、素早くわかりやすく差し出すことを「主体性」と呼び、それを企業においては訓練しようとするものだから、主体性、主体性、とけたたましく求めているようで、実は「従属的な〈主体性〉」というパラドキシカルなものが散見されるという、教育社会学の研究もあります〈武藤浩子『企業が求める〈主体性〉とは何か』東進堂、2023年ほか〉。

武田　そうなんですよね。「主体性を高めたいんです」「子ども参加を進めたいんです」と研修に呼んでもらうのですが、打ち合わせでよくよく話を聞いていると、何か違うな、となったりして。「先生、やらせたいことがあるんですよね？」みたいな。

勅使川原　呼び方はなんであれ、相手に本当のところ何かしら求めていないか？　その内なる意図を自覚しておく必要はありますよね。

武田　私は、やらせたいことというか、先生たちが伝えたいことや経験してほしいことは当然あってもいいと思っていて。でもそれを「主体性」で飾ってやらせるのではなく、「やってほしい」「聞いてほしい」と言えばいいと思うんですよね。「私はこれを大事だと思っていて、君たちに知ってほしいからしゃべるよ」とか「体験してほしいから、したくないかもしれないけれども、一回だまされたと思ってやってみて！」とか「大人の事情でごめんなんだけど、ここは付き合ってくれない？」とか。思いや事情をちゃんと伝えて、子どもたちにやってもらったらいいと思っています。

それはそれでやっていいから、子どもたちから出てきたものを自由に表現できる余地は、それとは別の機会としてもっと増えて、大切にされてほしいなと思います。

勅使川原　正直に言う、か。なるほど。「これくらいできないと困るのはきみだよ」も、善意をまとっていくら語っても、どうしても薄気味悪さが漂うのは、その点かもしれないですね。心配している体で、本音の見えない、呪いにも聞こえてしまう。

武田　そこが混ざった結果、欺瞞っぽくなりやすいと思っていて。でも、それだと、教育上あまりいいことは起こらないと思っています。「本音を偽り、主体的にやっているように見せると得なのだ」という誤学習をしちゃいますよね。

勅使川原　「主体性」の評価が皮肉にも本人たち不在のまま、評価者に委ねられてしまいますしね。

武田　でも、「そういう学習をさせたいのですか」と聞いたら、きっと多くの先生は「違う」と答えるはず。本当にそんなことを望んではいないと思います。

――（編集部）学習指導要領にそのことばとして出た瞬間に、ある種の能力としてみなされてしまう。

勅使川原　そうなんですよね。これまでのお話に通底するのはやっぱり、能力主義ですよね。能力にすると、急にそれっぽく聞こえて、二の句が継ぎにくい。

自らのニーズ（困り）を聞かれること　ふたを開けてもらえること

武田　北海道の浦河べてるの家〈１９８４年に設立された北海道浦河町にある精神障害等をかかえた当事者の地域活動拠点。「当事者研究」発祥の地。２０２０年には関連団体「べてぶくろ」でパワハラ・セクハラが告発された〉は知っていますか。

私は、べてるの家の影響も割と受けていて。あそこは本当に面白いですよね。常識をひっくり返すようなパワーがあるところで。人権侵害事案もあったので、もろ手を挙げて賞賛だけするわけにはいかないんですが……。たくさん標語のようなものがあるじゃないですか。

勅使川原　「それで順調」とか、「『悩む力』をとりもどす」とか。

武田　「三度の飯よりミーティング」とか。「弱さの情報公開」とかは自分もかなり指針にしています。

私自身が、フリーランスで数人の仲間たちと一緒に働く上で大切にしていることがあって。自分たちの働き方について、いま困っていることや悩んでいること、「仕事とは関係ないのだけれども、プライベートでこういうことがあり、影響します」というようなことを、チームでシェアして、誰かが困ってることはなるべく解決・調整する……というミーティングをやってきたんですよね。先ほどのエンタクの取り組みにも通じますが。

この方法は、あまり大きい会社や上下関係がはっきりしているところではあまり機能しないかもしれませんが。私自身もめちゃくちゃ気持ちにムラがあるので、そのようにしながら人と一緒に働いています。

実感としては、結局そのほうが持続可能だなという感じがしています。「いま誰々がしんどいみたいやから、ちょっと私その分踏ん張るわ」みたいなこととか、お互いにカバーし合って。たまに全員あかんときもありますけど（笑）。そうすると、「じゃあ、しょうがないから、少しだけ目標を下げるか」というような感じでやっています。

あと、べてるから学ぶべきものはユーモアですよね。揺さぶられることが多くて、かれこれ3回ぐらい行っています。

勅使川原　NPO法人のスウィング〔京都に拠点を置く生活介護事業所。あらゆる枠を超え、同じ時代、同じ社会に生きる多種多様な人々が出会い、関わり、支え合う環境を創造することを目的とする〕さんもそうですよね。「オレたちひょうげん族」というアートの活動とか、最高ですよね。

とことん、「学校的なもの」や「規範」の真逆。「ギリギリアウトを狙う」って掲げてるし。

武田　私がとてもリスペクトしている石川晋さんは、「自分の教育実践はべてるの家の影響を受けている」とおっしゃっています。

勅使川原　わお。どんなだろう。

武田　「どういうこと？」ってなりますよね（笑）。

おそらく、どうにもならなさの隣にただ立つとか、しんどいことに真面目に正対するだけじゃなくてユーモアにしちゃうとか、マジョリティの枠組みにはまらないからといって治療・矯正しようとしないとか、そういうことじゃないかと思うんですけど。

勅使川原　大人が子どもに教えてやろう、じゃなくて、子どものニーズから始めるんだ。

武田　それで言うと、大人が子どもに「これぐらいできないと」と言うときには、基本的には子どもの声は一切聞かれていないと思います。聞いた上で「それでも、これぐらいはできないと」という人もいるのかもしれないけれども、でもそれは多分、聞いたといっても、つまり聞いていないわけですよね。

聞いていないから、ふたをされていて、大人の側は気づいていないけれども、やはり一人ひとりの子たちの事情、思いはあるわけで。そのふたを開ける。開けられる環境をつくる、ということじゃないですかね。

しかも、子どもの場合、ことばにならないこともたくさんある。場合によっては保護者に聞いてみたほうがいいかもしれないし、子どもを見取りながら、「こういうことで困っているのかな」とアタリをつけて対応してみて、「うーん、どうやら違ったかな」というようなことを繰り返すことがどうしても必要だと思います。子どもの声を聞くのは、ことばを聞くだけではないですよね。様子を見ながら〝聞く〟ということをしていく必要がある。

環境を変えていくのもすごく大事ですが、環境を大人が勝手に、よかれと思って変えると、ひょっとしたらまた違う抑圧になったりとか、その「よかれ」がズレていてあまり機能しないことがあると思う。だから変えていくプロセスに子どもたちがいることが重要ですよね。

例えば、「起立、礼」がいやだからやめようという意見がでたとき、はっきりと切り替えがあるほうが安心、毎日のルーティンが崩れたら困るという子もいる。そういう思いや事情同士がバッティングすることは絶対にあるじゃないですか。こういう話の文脈だと、「「起立、礼」なんて無駄。なくしたほうがみんなにとっていいじゃん、より自由じゃん」という感じになりがちですが、そうではないケースもある。

他にも、みんなで輪になって対話しようというような取り組みをしている先生が私の周りには多いんですね。それは民主的なコミュニティをつくっていこうとする、意味のある取り組みなんです。ただ、その輪になって対話するという環境がとてもストレスフルだという子もいたりするわけです。

「教育や社会をもっとインクルーシブにしよう」という大きな流れを大人がつくっていこうとするなかで、もちろんそれ自体は必要で重要なんだけれども、子どもたちがふたを開けて自分の感覚や事情を話せたり、「この中で誰かはドキドキしているかもしれない」と大人がアンテナを立てておくことはすごく大事だと思っています。北海道の小学校の先生である大野睦仁さんなんかはそのあたりをすごく丁寧にやってらっしゃってすごいです。

子どもの声を聞くことがちゃんとプロセスに入ること、しかも、特定の子の声だけではなく、「コミュニティのことを決めるときはコミュニティみんなの声を聞くよ」とすることで、大人が心配しているような、無法地帯のようなことには、多くの場合ならないと思います。

勅使川原　みんなの声、なんなら声にならない声、子どもたちの存在そのものから始める。これは子どもの声を聞いてきた！　と言いたい方ももしかするといらっしゃるかもしれないけど、多くの場合は、「聞くに値するか」「聞いてあげる必要があるか」否かを、能力主義的に選別してきたように思います。

「正対する」「ずらす」「応答する」

勅使川原　だから、声を聞くに値する子と認めたら対話するとか、問題があるときだけにするのが対話ではないですよね。

武田　それはとても大事だと思います。選別抜きに、普段が対話というか、それが土台というか。

さらに踏み込んで考えると、子どもの権利の尊重に関わって、「応答的かかわり」が大切だと言われますよね。受け止められて返ってくるということ。

別に大人も、子どもの声を聞いたら、全部その通りにしなきゃいけないわけじゃない。でも、頭ごなしに抑圧されるのではなく、ちゃんと声が受け止められて返ってくる、それでまた言う……という繰り返し。現状では圧倒的にそれが足りてないのだと思います。学校現場がパンパンできっとそんな時間はない！　と感じる先生も多いと思う。あとは、「自分だけ応答しちゃったら隣のクラスの先生や学校全体が困るだろうな」と感じて、やりづらいという事情もあると思います。

でも、私はこの応答的な関係が教育の基盤・土台だと思うし、それが日常の中にあることでむしろいろんなことがうまくいくようになると……思ってるんです。

勅使川原　なるほど。「応答」って、民主主義の言い換えですよね。

武田　そうだと思います。応答的コミュニケーション。とはいえ、子育て中でもある身としては、実際、2歳のイヤイヤ期の人に応答するのは大変ですけれどもね……。

勅使川原　それはそうですよね。思い出したくないわ……。
やはり勇気が必要ですよね。数日前に、本書でも対談させていただいている福祉社会学者の竹端寛さんがVoicyでおっしゃっていたことが思い出されました（「娘と私の相互作用」２０２４年７月４日配信）。夜寝る時間が迫っているのに娘さんが何々を段ボールで作りたいと言い始めて、竹端さんが反射的に「それ、無理」と答えたそうで。すると娘さんが自分の頭をボンボンと叩いて、すごくやりきれない思いをしたという話でした。つまり、応答しないことに対し、自分を痛めつける方法で娘さんは反応していると。

武田　つらい話だ。

勅使川原　でも、それわかる。大人は「明日やろうな」とか言うじゃないですか。「今じゃない」とかって。

武田　言う。寝てほしいですからね。

勅使川原　そう。よかれと思って、それを教育だと思ってきてしまった。

武田　うちも似たようなことは日々あります。この間、晩ご飯の前にアイスクリームを丸ごと1本食べたいと言って。でも明らかに、晩ご飯が食べられなくなるんですよ。だから、こちらも譲歩しつつ、「半分にしよう」と交渉したけど、頑として1本食べたい、と。主張が食いちがってぶつかってしまったわけですが。

最近、NVC〔Nonviolent Communicationの略。臨床心理学者マーシャル・B・ローゼンバーグ博士によって体系化され、提唱された、自分の内と外に平和をつくるプロセス〕を練習しているんです。それで、自分のニーズは何だっけということを掘り下げてみました。それで、「私（かか）は、あなたにいろいろな栄養を取って元気もりもりで育ってほしいんだ」「だから晩ご飯は食べてほしくて、アイスクリームだけ食べていたら、元気もりもりじゃなくなっちゃうかもしれないから、アイスはご飯の前はせめて半分にしてほしい。どうですか」と伝えて。まあ、あちらの主張は、変わりませんでしたけれども（笑）。

そのときは、ちゃんと対話……に向かうベクトルのやりとりができたなとは思えました。主張が合わないなりに、「そうか。じゃあ、かかはこう思っている。あなたはやっぱりアイスが食べたい。合わないねえ。どうしようか……」という話を。

勅使川原　それは超大事。私はまだまだ修行の身です。

武田　いやいや、私も日々悶々で、押し付けちゃって「またやっちまった」となるほうが多いです。このときは、まだ2歳ですし、「どうする?」のいいアイデアは特に出てこなかったのですけれども。

勅使川原　諦めたのですか。

武田　そのときは、そうこうしている間にパートナーが帰ってきて終わりました。でも、いいアイデアが生まれることもありますよ。そういうときはお互い嬉しくて。最近「いい考えだね!」が子どもの口癖の一つです(笑)。

いろいろありますよね。歯磨きをする、しないとか。うちは、歯磨きはライオンのパペットがいるので、「ガオ君が磨いてあげるよ」と言ったら磨いてくれたりします。そういう切り抜け方……正対するだけではなく、ずらすとか、クリエイティブで乗り切るようなこともありですよね。

友人でスクールソーシャルワーカーの小谷綾子さんが教えてくれた話なんですけど、

小学校で不登校してて中学から行き始めた娘さんが「学校文化がいろいろ意味がわからない……」となってるときに、「ぜんぜん違う国に来たと思って、毎日過ごしてごらん」みたいなことを伝えたそうです。不思議な文化と風習の国に来たような気持ちで過ごしてみたら、綾子さんの娘さんにはその方法がちょっと面白かったようです。リフレーミングですよね。ズラしてはいるけど、それも応答ではあると思うんです。正対する以外にいろいろあるなとは思います。

勅使川原　企業へのコンサルテーションでも、「これは「会社」というプレイだと思って『職業人格』を演じましょうよ」などと私が言うと、相手が割と受け入れてくれたりとか、ありました。

武田　書籍に書かれてありましたね。読みました。それ、めっちゃ面白いと思いました。

勅使川原　悲壮感たっぷりにやって事態がよくなるならばいいですが、たいてい落ち込むと視野は狭窄するものですから、どうにか自身に余裕をつくりたいんですよね。際して、コントだと思うと結構、自分を大事にできるというか、逆に我に返れたりするんですよね。「こいつ許さねぇ」と思うことがあっても、それは何の問題もない。仕事仲間なだけで、別に葬式に行かなくたっていいわけだし。

武田　確かに。そういうずらし方もありますよね。私は、個人的にはそういうのがうまくないです。まっすぐ闘おう、向き合おうとして、でもビビりだから逡巡する。

勅使川原　自分がそのモードに入ってしまうと、もう駄目ですよね。難しい。「規範」モードに入ってしまうと。

武田　うちは母が保育士なのですが、さっきのパペットの方法も母がもともとやってたんですよね。うまくそういうことをやります。子どもが離乳食を食べてくれないときに外に向かって「カラスさん、今から食べるよ。見ててね、あーん」とか言って。そしたら食べるんですよ。おどろきでした（笑）。

勅使川原　面白い。確かに。保育士さんってそうかもしれないですね。

武田　面白いですよね。「食べたくない」を真正面から尊重する以外にも何か方法があるんだな、と思うと。結果的に納得して食べているわけじゃないですか。怒られたり強要されて嫌な感情も抱かずに済んでるし。だからそれでいいのかって。

Ｗｈｙから始めすぎない

勅使川原　気がそらされただけかもしれないけれども、それとて大事でプロの技に納得。それで言うと危ないのは大人の世界かな。大人の社会のコミュニケーションで、Ｗｈｙから始めようとかあるじゃないですか。食べたくないと言ったときに、「なぜなんだい」と始めるのがコーチングなわけです。それはすごく危ないと思って。理由などないときもたくさんある。または理由に薄々気づいていても、他人に明かしたくないという意思も。

武田　それは大事ですよね。「理由などない」というのはすごく大事。そしてそれも、ある種の「言語化」縛りですね。言語化せよ、という。そうでないものは「ない」とされる。

勅使川原　そうなんです。説明できるはずだという前提で、説明できないことは主張すべきでないというのも暗に感じるじゃないですか。

武田　ありますね。もっとことばにならないものをありだとしたい。

勅使川原　理屈じゃないとかね。理屈じゃないものは屁理屈と一蹴されてしまうのも、違うだろ！　とよく思います。屁って。

武田　そう。Podcastで、「ゆる言語学ラジオ」ってあるのを知っていますか。

勅使川原　聞いたことないです。

武田　友達に紹介されて聴いた回があるんです。本の紹介で、『ビジュアル・シンカーの脳：「絵」で考える人々の世界』（NHK出版、2023年）の回でした。それを読んだ言語優位バリバリのパーソナリティの人が、ずっと反省しているんです。すごく面白かったです。

今までよかれと思って他人の言語化を手伝っているつもりで、「それはなぜ？」とか他者に聞いていたけれども、あれは言語化ハラスメントだったと気づいたような（笑）。

私も心当たりがあるなと思いました。たまたま言語優位に生まれ、言語優位者がマジョリティとしてつくっている社会の中で、すごく優位に生きていると思う。

勅使川原　大人ですらそうなのだから、それが国語のテストから小論文に変わったところで、30分間で自分の考えを書き切るとか、もうなかなか、ね。ということですよね。

武田　だから、評価手法ももっと本当はもっとバラエティーに富んだ感じになったほうがいいのだろうと思うのですけど。マルチプル・インテリジェンス理論〔MI理論、多重知能理論とも呼ばれる。ハワード・ガードナーが提唱する、学び方の個性や特性に関する理論〕というのがありますよね。イエナプランの学校もそうですが、これまで見に行ったヨーロッパの学校では、このMI理論はもはや教育活動や評価を考える際の前提になっていたなと感じます。

たとえば、スウェーデンは野外教育がすごく盛んで、教科の授業を野外でやったりします。あちらで野外教育を専門に研究・実践されている阿久根佐和子さんがおっしゃっていてなるほど！　と思ったのは、「野外教育はインクルーシブな学び方」だということです。いわゆるクラシカルな学び方には適合しにくい子も、野外で葉っぱを拾い集めながら算数をやれば参加できるみたいなことがあるわけですよね。

発表の方法も作文やレポートを書くだけではなく、紙芝居をつくるでもいいよ、歌をつくってもいいよとか。インプットとアウトプットの方法は多様にありえますよね。
涌井恵さんの研究に加わっていた田中博司さんなど、日本の学校でも実践している先生はいるんです。子どもたちにＭＩ理論で提唱される8つの知能を紹介した上で、「みんな、自分はどれが得意？」と聞いてみて、「じゃあそれらを使った漢字の覚え方をたくさん考えてみよう」とか。
じっと見るとか、背中に書くとか、校庭に書くとか、象形文字で覚えるとか、漢字の歌をつくるとか、何でもいいのだけれども、「みんなで考えて、やってみて、自分に一番合うものを見つけよう」というような。そういうことを大切にしている先生たちもいます。そういう実践も、本当に広まればいいのになと思います。

勅使川原　そうか。「こうあるべし」がない限りにおいて、それで何ら問題ないよなぁ。

武田　ほかにも、学習するときに、「先生に直で教えてほしい子はこの部屋、静かに黙々と勉強したい子はこの部屋、わいわい友達とやりたい子はこの部屋」というように、3つ用意して選べるようにしたりとか。

勅使川原　日本で？

武田　日本の話です。京都府立清明高校の「フレスタ」という時間がそんなふうになってましたね。友人で中学校教員の新井雅人さんは1人で自分を伸ばす「つき部屋」と、みんなで高め合う「たいよう部屋」という2つの教室を用意して選べるようにしています。「つき部屋」は、お互いに集中する空間をつくるために、絶対に喋らない、寝たり動画を見るなどの休憩にも使わないというルール。「たいよう部屋」は1人で学んでも、誰かと学んでもいい。先生に聞くのもありです。つき部屋が特に好評らしいです。

学びのための環境選択として、そういうことをやっている。本当に、日本にも素敵な取り組みはいっぱいあるんですよね。そういうのを学校現場にももっと広めたいし、学校外の方にもそのチャレンジと試行錯誤を知ってほしいですね。

勅使川原　本当に、そうですね。

うちの子どもの例で恐縮ですけれども、息子は漢字が著しく覚えられず、書けなくて。小学4年生のときに、他の科目や日頃のおしゃべりと比べて、漢字が書けなさ過ぎるから地域の教育センターに行くよう学校で言われ、ＷＩＳＣを受けて、おそらく発達障害だろうとのことでした（「診断」は医師のみが行える。教育センターでは「相談」のみ）。「言語理解が130あっても、ほかが100ぐらいです」という凸凹の結果を告げられました。

じゃあどうしようか？　が肝心だと思うのですが、学校でもそれまでは、「なぜ漢字が書けないいんだろう？」みたいなアプローチは先生も指導的にしてきたようで、できない理由の解明はしようとしてくれていました。加えて「やる気」の問題じゃないか？　とかって話も。ただ、そのとき教育センターで対応してくださった心理士さんは、はじめて「なんでできないのか？」ではない質問をしてくださったんですね。「覚えやすい漢字はどんなのがあるの？」「この漢字はどんな風に見える？」というような、彼の感覚をはじめて質問してくれたんです。

なんでできないのか？　って聞かれても、決まってだんまりで、「この子はやる気がないんだと思う」と言われたこともあったのに、息子はその質問に対して嬉々として、「だって、土は茶色でしょう？　東は青色。でも、『質問』の『質』には色がない。だから僕には書けない」と、そのときそう答えたのだと後で心理士さんから聞いて。

これは、できない理由ばかり問われ続けていたら、子どもだって答えようがないですよ。「問題」とされていることのどこに焦点をあて、当人と対話するか。応答の始まりを、いかにつくるか。私もものすごく自省を促された事例でした。

これは学校にかかわらずですが、「大丈夫？」と聞くと「大丈夫です」と答えてしまうような話もありますよね。尋ねているようで、尋ねていない。問題解決しようとしているんだろうけど、問題に迫れていないというか。

武田　面白い。「大丈夫？」でもなく、「何で？」でもない、感覚を聞いてくれる問いかぁ。「何で？」も「大丈夫？」も、機能するときは機能しますが、その子の困っていることをわかるための問いのバリエーションをたくさん持っていられたらいいですよね。たとえ、同じことばでも「なんでできないの？」と責める「どうして？」もありますが、「どうしてそういうふうになってるのかな？」と言動の背景を一緒に考えようとする「どうして？」もありますよね。これは青山新吾さんが「やさしいどうして？」と言ってらっしゃいますが、そのスタンスは根本的に大事だと思います。あとは、子どもの発達段階や関係性などによって、問いがオープン過ぎると難しい場合もあるし、どんな問い立てが相手にとって機能するか、アセスメントしながら考えたりしますよね。

勅使川原　何か一元的に正解があるわけではないと。なるほど。

武田　そうだと思います。「学校どうやった?」と聞いても、「普通」しか言ってくれないけれども、「今日、一番面白かったことは何?」と言ったら答えてくれるとかあるじゃないですか。そういうチューニングはスキルですよね。スキルは大事かと。

勅使川原　そうですね。能力ではなく訓練可能性を秘めたスキルだな。

武田　能力とスキルの違い?

勅使川原　かもしれない。

「能力」は優劣
「スキル」は機能

武田　能力とスキルって、勅使川原さんの中で何が違う感じですか。

勅使川原　あえてわかりやすく言うなら、ポータブルなのがスキルだと感じる。良し悪しつけずに、自分に必要だから持とうとするもの。

武田　能力ということばには、上下があるのですね。

勅使川原　うん、ヒエラルキーがあると思うんですよね。必要な「スキル」は、本人が必要としているという文脈では、獲得すべきだものね。さっきのNVCもそうですよね。「武田さんってNVCができる人だよね」ではなく、「武田さんってNVCを勉強したらしいよ、自分に必要だから」っていう受け取り。それで、本当は全部いいはずだけれども。

武田　よくわかります。NVCは学び出してまだ浅すぎてスキルがあるとは言いづらいですが（笑）。
能力は、社会によって規定されているということですよね。

勅使川原　そうです。評価者目線がある。

武田　望まれる能力が既存のもの・不可変なものとして、権力をはらんで存在していて、それに個人が沿わされるようなことですね。

勅使川原　そのとおりかと。

武田　今おっしゃっているのは、個人がどうありたいかということありき、そこから、いろいろなスキルセットの中から欲しいものを習得しに学んでいったらいいというお話でしたね。

勅使川原　本当に、そう。機能を増やしていくというか。

武田　なるほどです。スキルアップしたい気持ちは人それぞれ、自分の生活や仕事上のミッションの中で、当然ありますもんね。それは別に望めばよいし、習得しようとしたらいいのだけれども、それが社会という、謎の大きいものにより要請されてしまったとたんに。

勅使川原　そうそう。一元的に。

武田　それに照らして自己否定したり、優越感を抱いたりするようなものだから、しんどいのですね。

勅使川原　だと思っています。それだ。「一元的な正しさ」のしんどさを初作から著作では一貫して描いてきているつもりなのですが、改めて、正解が一つだと思うことってきつい。

武田　確かに。それで言うと、以前勅使川原さんに教えてもらった、なんでしたっけ、社会学の世界で、階層を測るのに使われてる指標……

勅使川原　職業威信スコアですね。

武田　それです。その職業威信スコアを見たときに、気持ち悪いなと感じる部分があって。ステイタスの高い／低いで職業がタテに並べられているような感じですよね。なんか、「わかるけど、どうなの？」って。

勅使川原　あまり大きな声で言えないですが、「格差」の「格」というのも、失礼じゃないか

と思っています。別に、「格」の違いではないだろう、と。大事な指摘ではあること
は間違いありません。このくらいセンセーショナルな問題提起をしなければ、今ある
是正の手立ても到底とられなかったでしょうから。
ただ、耳目を集め、社会運動化させていくための初動（ムーブメント）をつくること
ばを、今後も疑いなく使い続けるのかどうかは、別の話だと思うんです。強者の論理
が見え透ける感じがどうしてもします。

武田　なるほどなあ……。私も、もちろん貧富や機会へのアクセスの不平等は問題だとい
うところは合意なんです。でも、階層が上がったとか下がったとか言うときに、その
前提が画一的だということについては前からずっとなんかモヤモヤすると思っていて。
なので、勅使川原さんの感覚はとても共感します。

勅使川原　うれしい。

武田　まあ、そういう「前提」がないと学問ができないのかもしれない、よくわからない
のだけれども。

勅使川原　そうですね。サイエンスってそういうことですものね。

これまでの著作なんかで能力主義を批判してきて、反知性の人だと思われたりしますが、それは残念ながら違うだろうと思う。「能力」と「スキル」の違いというか。

今日、お話しさせていただいて、「知性」と一般的に私たちが呼ぶものの幅が狭すぎる点を、繰り返し振り返らせてもらいました。

大人の不安や心配も分け合いながら

武田　挨拶の話も、「明日から挨拶をみんなやめようか」と言ったら、「えー」と思う子もきっといるじゃないですか。そういう子の思いやつぶやきも拾いながら、「でも、しんどいと言っている子もいるのだけれども、どうしようか」とみんなで考える。ここまで話してきたように、声を聞くことでバリエーションやもっといい着地点が生まれたりするわけですよね。

インクルージョン、つまり社会モデル視点で環境を見直すようなことと、子どもの声を聞くこと、私はそれを民主化と言っていますが、その2つは両輪だと思っています。

それから、先生も本来、子どもに意見や不安を伝えていいはずなんです。「このようになってしまわないかと先生は不安です」と言えばいいと思います。

勅使川原　「不安です」ですよね。「ちょっとわからないです」と言うのは大変だな、本当にね。学校の先生はとかく「わかっている人」扱いされているからな。でも、本当は誰の目にもこの世はわからないことだらけですよね。

武田　はい。もっと言うと、「先生は本当はいいと思っているのだけど、ほかの先生にどう思われるか、ドキドキしています」とかも、子どもに言ってもいいと思うんですよね。敵対構造をつくるという意味ではなく。

勅使川原　揺らぎですね。「この間こう言ったけれども、今日は違うことを思っています」なんかもありですよね。

武田　いいと思います。そうだと思います。

勅使川原　いま聞いていて思ったのは、さきほど、進学校では対話的な環境があることがヒエラルキーや特権になりうるという危惧を話しました。一方で、学校での勉強の仕方についていけなかったり、ニーズも拾ってもらえなくて、ふたを開けてもらえない、偏差値で言うと低い学校にいる子たちもいて。彼ら彼女たちは、「あの子たちはそういう自由は要らない、そういうものはまだ無理です」とか言われる。自由を授けるにエンタイトル（値する権利をもつ）しているかどうかなどと言っている限り、結局これは、ふたを開けてもらえない人、もらえる人を分け、わかった気になったままなんですよね。この連続性を所与のものとしないで、できることから、風穴を開けていきたい。

これは、社会階層論ともつながっていて、聞き捨てならない話でもあります。例えばですが、超がつく進学校に進み、たとえば最高学府の教養学部とかに行き、Googleに入りましたというケースがあったとして。そういう人が「ここで自分は本当の『主体性』を体現している」と誇らしげに語る一方で、ブラック企業と呼ばれるようなところでは主体性など当然問われず、むしろ規範的に言動を一元的な正しさへと収斂していくことが求められる。逆説的ですが、そういう現状があるからこそ、職業威信スコアのようなものはより力をもちますよね。

武田　わかります。多様性や主体性を実現してる組織の例が、いつまでもGoogleとAmazonじゃだめですよね。

勅使川原　階層再生産は、ある程度アファーマティブに介入しないと、繰り返すばかりです。なにせ、今権力を持つ人は、自身が有利なゲームルールを手放そうとはしないですから。

武田　同感です。こうした流れについては、いろいろなかたちでシャッフルしていけるといいのですが。本来はその機能のうちの一つが「学校」ですよね。私にとっては、いわゆる公立の、選ばなくても行くことになっている学校がどうなっているかということはすごく重要なんですよね。だから、活動も学校に絞ってやっています。必ずしも子ども好きでもないです（笑）。社会をどうにかしたくて教育の仕事をしています。

勅使川原　公共の場という意味なわけですね。

武田　私は経済的に、階層的に選択肢があまりない子たちが多い環境で育ってきた人間なので、そこがすごく気になります。学校は、世代を超えて再生産されている選択肢の不均衡を是正して、可能性を拡げてくれる場であってほしいんですよね。

学校の合理化を誰がほぐす？

勅使川原　さっきの、授業中の姿勢などを含めた態度主義の話でいうと、内申書は態度主義そのものじゃないですか。

武田　先生の目線で、態度が評価されるし、反映されますよね。

勅使川原　例えば、うちの子はできることとできないことの落差が激しいので、さっきの漢字の話じゃないですが、「やる気」や「ふざけ」だと先生に思われることがしばしばで、これは内申点勝負の高校受験はおそらく厳しいだろうと思うわけです。
かといって中学受験をさせようと思うと、これまた大変な話で、簡単に言ってしまうとペラペラ、スラスラと言語化できる人でないと厳しい世界だったりする。なんというか、どちらにせよ他者評価によるその人の価値付けが当たり前で、かつその価値付けのゲートというのは驚くほど狭い。
なので、自分のもつ特権に自覚的でありながら、まず変えられるところから変えるというのは、今日武田さんとお話しして、希望になったというか、やるっきゃないよね、と腹を括るきっかけになりました。

そしてきっと、企業も挟み込むようにしてやっていかないとなんですよね。結局、企業の側が就活で、立て板に水のごとくペラペラしゃべる姿勢のいい者を選抜していたら、それは送り出す学校の先生側もそこを目指させるしかないわけで。でも、そういうことじゃないよねって。

武田　そうですね。本当に、学校と企業の関係は、「ニワトリと卵」なんですよね。

例えば頭髪などの見た目を縛る校則なんかも近しい構造があると思っています。人権侵害的な校則が今のように問題視されるようになったのは、大阪の公立高校の校則をめぐって生徒側が裁判に訴えたのがきっかけです（大阪府立高校に通っていた女性が在学中、茶色い髪を黒く染めるよう学校に強要されたとして、府に損害賠償を求めた訴訟）。

あのケースは地毛が茶色いと本人も保護者も主張していたにもかかわらず、繰り返された黒染め指導の結果、生徒が不登校になっています。判決では学校側の指導は適法だったとされましたが、私は大いに問題があったと思います。

ただ、同時にああいうことが起きた背景も見ないといけないと思っていて。大阪の公立高校はその当時もいまも、3年連続定員割れになったら廃校対象になるんですよ。私学無償化の裏で、そんなことになっています。そして、今の社会においては、制服をキチンと着て、髪の毛の色がカラフルじゃなくて……という学校のほうが倍率が高いわけです。背景には、「見た目が派手な子が多い＝荒れている」という固定観念がたぶんあると思います。

受験する中学生自身というよりも、おそらく保護者が子どもを行かせたい学校、行かせたくない学校を考えるときに、「見た目がちゃんとしてる学校」というのを評価しているんですよね。それが倍率に影響するんです。地域の評判とかも同じですよね。地域に応援されることは学校にとって非常に重要ですから。そのまなざしを、高校の先生たちはひしひしと感じている。

そういうなかで、身だしなみや頭髪に関する規則違反の厳罰化や指導が強まってきたというような背景もあるのではないかと思います。

いろんな報道やSNSなどで取り上げられる問題校則、不適切指導は、もちろんあってはならないことが多いし改善が必要です。でもその度に学校バッシングが起こって、「学校というところは本当に最悪だ」「ひどい」という批判が飛び交うのを聞いていると、「学校だけの問題ですか？」とも言いたくなる。学校を批判するあなたは、例えば地域で「あの高校はガラが悪い」みたいな話題になったときに、「それ、人を見た目で判断するっておかしくないですか」とちゃんとブレーキかけてくれますか？　という。

勅使川原　本当にそうですよね。

武田　就職試験で見た目の派手な子が来たり、ピアスが開いていたりしたときに、「だから落とす」という判断をしないでくれますか？　というようなことだと思ったりもします。

勅使川原　学校に対するジャッジメンタルな視線が、ものすごく影響しますよね。それもまた評価ですよね。物事を変えるときに、何を思っているかというか、その思っていることをどう周りが評価するかという、評価者目線のものを変えないといけないと思っていて。
良し悪しをつけている限り、うまくいきにくいんじゃないの？　とか、とはいえ先生たちだって、良し悪しなく自分を受け止めてもらった経験があまりないものね、などと、他者には他者の合理性があることに留意しながら、本にも書いています。

武田　しかも、それを学校の中の人はなかなか言えません。自己弁護的に見られて、またバッシングされるだけなので。だから、私の立場としては、こういうことは頑張って積極的に言おうと思っています。

勅使川原　確かに、第三者なりのミッションですね。

武田　そうですね。そう考えています。

勅使川原　構造を理解して、批判するだけではなく溶け込みながら、受け止めながら、外にも向けて発信するわけですね。

武田　そう、でもすごく難しい。全然できていません。常に修行中のような気持ちです。

勅使川原　でも、それ自体が第一歩なんでしょうね。つまり、「自分も揺らぎながらやっています」と見せても大丈夫なときに見せていくことが。

武田　「揺らぎながらやっているよ」と外に出す、見せるほうが、変化が起こっていくなという感覚もあります。北風と太陽のような。あれは別に弱さを見せる話ではないけれども、こちらが変えてやろうとか、お前が間違っているのだという気持ちで戦いにいくと、対立が激化して、だいたいマイノリティは負けるという。

私は、社会の今の状況に、ずっと怒っているんですよね。自分の原動力はたぶん怒りだと思います。でも、その怒りをいったんこなして、願っていることを腹の底から伝えるようなことをいま練習しています。でも、そういうスキルを現場で変化を起こすことを模索するなかで実践・体得している先生たちもいるんですよね。本当、尊敬します。

勅使川原　その練習の一つがNVCなんですね。

武田　そうそう。ずっと遠巻きに眺めるだけで、ちゃんと学んでこなかったのですが、やっぱり大切なことだなと思って練習し始めたんです。ただ、人に勧めるのは躊躇するところもあります。特に理不尽な抑圧を受けて怒っている人に「NVC学んだら？」みたいなことを言うのは、トーンポリシング（社会的課題について声を上げた相手に対し、主張の内容ではなく、相手の話し方、態度、付随する感情（＝トーン）を批判することで、論点をずらすこと）になってしまいかねないので。

ただ、NVC自体は本来トーンポリッシュなものではないとも思っています。むしろ私は、今まで自分で自分にトーンポリシングしてきた側面があるからこそ、NVCを学ぶことで怒りをちゃんと抱きしめて承認・包摂しつつも、暴力的じゃない・対話が機能するようなコミュニケーションをとれるようになるという練習をしようとしてる感じです。

勅使川原　確かにね。

お話を聞きながら、ある種でご自身にはトーンポリッシュな技法を用いることを選ぶんだけど、でも人には勧められないというジレンマをすごく感じています。それ自体の欺瞞もきっとご自身で感じているのかな、とか。

武田　そのジレンマはありますね。さっきの、構造や社会を変えようと思ったら人一倍マッチョに頑張らないといけない時間があるという話と、ちょっと似た話かもしれません。

これはまた全然別の話ですが、例えば保護者が学校と何か交渉するときに、お父さんが出ていくと話が進むという「あるある」がありますよね。これ、不登校のお子さんのいる保護者の方と話すと、本当によく出てくる話題なんですが。とりあえず子どものためには話を進める必要があるから父親が出ていくのだけれども、それって本当はおかしいよねって。社会の中にあるおかしさを呑み込んで、それを使いながら変える……みたいな矛盾っていろんなところにあるなぁと思います。

当たり前を脱いでいく脱学習の面白さ

武田　私、実はＤＥ＆Ｉということばを、割と最近になって肩書に入れたんです。「学校ＤＥ＆Ｉコンサルタント」という形で。

勅使川原　そうなんですね。

武田　そうなんです。たぶん、以前勅使川原さんとお会いしたときは「教育ファシリテーター」と名乗っていました。でも、自分の中でこれだというものが固まったので肩書きを変えました。

ＤＥ＆Ｉを学べば学ぶほど、さっきの言語優位であるとかも含めて、自分の中にある、自分の持っているマジョリティ性への無自覚さにどんどん気づいていくんですよね。ＤＥ＆Ｉって脱学習なんですよ。身に付けた当たり前を一つひとつ問い直して、脱いでいくような。私自身もその過程にいるから、今日話したことも、全部ブーメランのように飛んでくる。日々、「今日もやってしまいました」というような感じだったりするわけです。子育ての中でも「抑圧してしまった……」と思うことは多いです。きっとずっとプロセスなんですよね。よりよくなろうとしていくしかない。それでいいし、そういうものなのだと。肩書きこそ、ちょっとえらそうですけど、実際には生活者として実践している！　って感じもあって。

勅使川原　いろいろな立場で迷いながら、一進一退しながらやっていると。それぞリアルな人生ですよね。

武田　特権に向き合いながら自分をアップデートしていこうとすることは、確かに大変ではあるけれど、まだまだ変わっていけるということ自体は嬉しいことだと思うんですよね。組織のＤＥ＆Ｉも、結果的に新しい価値が生まれたり、成長につながったりしていくわけじゃないですか。

まあ、最初からそれを目的にＤＥ＆Ｉに取り組むのは「どうなのよ」って私は思ったりもするんですけど。あくまで人権の尊重と社会的公正が目的で、イノベーションとかは副次的なものでは？　って。

ただ、多様な人たちがそれぞれが自分のままで居場所と出番を持てる環境をつくっていくことで、結果として何か生まれてくるものがあるのは事実だと思ってて。それは〝自分ＤＥ＆Ｉ〟でも同じな気がします。もちろん、そのことで人ともっといい関係をつくれたり、ゆたかにつながっていけるとも思うし。面白いし、楽しいです。

勅使川原　素敵だなぁ。今日のお話はまさに等身大の、小さな社会変革のお話だったと振り返ってます。周りが苦労していて、仮にも自分がやりやすくてやれそうなことがあるのなら、できるときにできる分だけやってみる。そこで起きた化学反応を観察し、耳を澄ませて、また次のタイミングが巡ってきたら、混ざりに行って……の繰り返し。そうやっているうちに、誰も見たことのない「マーブルカラー」（『「能力」の生きづらさをほぐす』より）ができていくのかなと。

これはまさに、武田さんのおっしゃる「いろとりどり」ということですね。何色は良い、あの色はダメだ、これからの時代はこの色だ！　じゃなくて、混ざり合って、生きているし、生きていく。笑いあり、エンパワーメントありの教育を考えるひととき。今日は誠にありがとうございました。

（終）

対談
4

川上 康則

KAWAKAMI YASUNORI

勅使川原 真衣

川上 康則（かわかみ やすのり）

東京都杉並区立済美養護学校主任教諭／立教大学兼任講師

公認心理師、臨床発達心理士、特別支援教育士スーパーバイザー。NHK Eテレ『ストレッチマンV』『ストレッチマン・ゴールド』番組委員。立教大学卒業、筑波大学大学院修了。肢体不自由、知的障害、自閉症、ADHDやLDなどの障害のある子に対する教育実践を積むとともに、地域の学校現場や保護者などからの「ちょっと気になる子」への相談支援にも携わる。著書に、『〈発達のつまずき〉から読み解く支援アプローチ』（学苑社）、『通常の学級の特別支援教育 ライブ講義 発達につまずきがある子どもの輝かせ方』（明治図書出版）、『子どもの心の受け止め方』（光村図書出版）、『教室マルトリートメント』（東洋館出版社）、『教師の流儀　正解のない問いを考える』（エンパワメント研究所）、『不適切な関わりを予防する教室「安全基地」化計画』（東洋館出版社、共著）など。

越境者として学校にいること

勅使川原　今日はありがとうございます。ご著書、どちらもすごく共感して、愛読させていただいています（川上康則『教室マルトリートメント』『不適切な関わりを予防する　教室「安全基地」化計画』いずれも東洋館出版社）。地に足つきながらも革新的で、とても未来志向な書籍だと思うと同時に、課題への提言に果敢に挑む作りでもあって。その意味では現場でどのような受け止められ方をしたのだろうと気になってもいます。

川上　どうなんでしょう。でも、内部告発みたいな思いは全くないんです。

勅使川原　わかります。私、その点が一番好きで。「本書の位置付け」のところにもありますね。

「教育現場を俯瞰した上で、教室マルトリートメントが日本の教育界の構造的な問題から生み出されていることを指摘し、さらにその背景には教師の『不安』が潜在することを理解するための基本的枠組み」

『教室マルトリートメント』（川上康則、292ページ）

現場に日々いらっしゃる川上先生だからこその探究であり、教室マルトリートメントを学校の先生個人の問題に決して還元せず、構造的な問題だと明示された。さらに、その背景には「不安」の潜在があるという、等身大というか、人間の「弱さ」に着眼されたしつらえに、めちゃくちゃ共感しました。でも、今日はご本人を前にお尋ねできるせっかくの機会なので、あえての質問をさせてください。共感しつつも、このからくりをひもとくのはとてもリスキーなことでもあったのではないか？　なんて、老婆心ながら心配にもなったんです。

というのは、こうした提案をすると、反応として「あなたマッチョなんですか、マッチョじゃないんですか、どっちなんですか」というように、何かを迫られることがないかな、と思いまして。

私が書いた本でもそうなんですが、「書いてあることは本当にそのとおりなんだけど、そうできないから困っているんだよ」とおっしゃる方が少なくない。「やれているあなたがすごいだけじゃん、マッチョなんじゃん」みたいな反応というか。

川上　「川上だからできるんだろう」みたいなご感想ですよね。

直接言われたことはあまりありません。それは、これまでの自分の歩みをある程度オープンにしているからかもしれません。例えば、大学も大学院も、障害児教育は学んできませんでした。そうすると、「専門的に学んできたからそういうことが言えるんだろう」という立場ではなくなるんです。

勅使川原　越境者なんですね。

川上　そうですね。全然知らないところからこの世界に入って、「こんな世界があるのか」と思い、そこから今までやってきました。

実は大学を卒業したすぐあとは、3年間スイミングスクールに勤めたんですよ。スポーツクラブのコーチってすごく薄給なんですが、その給料と、ど素人の人がいきなり教師になってもらえる給料とで、2倍ぐらい開きがあったので、これはまずいぞと思ったのが原点です。

2001年、2002年の頃でした。当時は、障害児教育が特別支援教育に代わっていくタイミングで、障害児教育の専門性がものすごく問われた時代だったんです。「特別支援教育の時代がくるぞ、障害児教育の専門性とは何なんだ」というふうに。そしてその専門的なスキルとか専門的な能力が、教師個人に問われました。

でも、頑張れば頑張るほど評価してもらえるかというとそうではなく、むしろ職場の中では、「こういうことを提案すると、ちょっと違う空気感になるんだな」という気づきもありました。例えば、障害児の教育評価について突き詰めようとすると、「これまで曖昧でよかったものが暴かれることになってしまうから、あまり手を出さないほうがいいぞ」とか。だから、そういう志向や意見を表にはなるべく出さずに、自分の伝えたい主張がどういうふうに広がっていくか考えながら探り探り表出する感じがずっとありました。

ことばにできないもどかしさ

勅使川原 そうなんですね。大変興味深いライフコースです。ちなみにですが、川上先生を職業人生において「育ててくれた」みたいな方っていらっしゃるんですか。

川上 影響を受けた人は何人かいます。一番大きかったのは高校時代の今野正行先生です。すごく早くから、大人への警戒心とか反発が

教室マルトリートメント

不適切な関わりを予防する教室「安全基地」化計画

あったんです。あまり素行もよろしくなかったと思います。

勅使川原　ええっ意外。

川上　全然、教員らしくないんですよ（笑）。

勅使川原さんの著作でも、小学4年生のときの先生とのあれこれが書かれていましたよね（『「能力」の生きづらさをほぐす』第4話）。私は小1の1学期で、すでに学校に対しての不信感がマックスに達していました。それで、「自分だったらこういう授業するな」「そのことばはないよな」とか、「そういうふうにこの子にガン詰めすると、この子、もう立場なくなっちゃうんだよな」とか、そういうのをすごく考えていたんです。

そうやって高校へ入って、あるときに、その恩師となる今野先生が「おまえ、教師やったらいいいんじゃないか」って言うわけです。成績も相当悪かったし、こんなに落ちこぼれていて、反発もしているのに、なんでだろうと思いました。聞いてみたら、「学校は勉強ができるやつばかりが教員やるからおかしくなるんだ」と。「おまえみたいな、大人に対してすごく反発を覚えたり、自分のもどかしさみたいなものにいら立ったりする気持ちがわかるやつが教員になったほうが学校はいいんだ」と言うんです。

勅使川原　なんと。今でこそ沁みますが、それを言われた瞬間はどうだったんですか。その場で「よし、教師になってやろう」と思ったんでしょうか。

川上　いや、思わないです（笑）。「何言ってんだ、この人は」と思って。やはり、もともと大人を信用していないから、そのことばですらも信じてないんです。

ただ、この先生とは信頼関係はありました。ずっと水泳を見てくれていて、「おまえから水泳取ったら何が残るんだ」とかも言われました。だからといって強要する感じでもなく、スイミングスクールに就職したときは、「おまえが決めたんだったらそれでいいんじゃないか」と言ってくれました。

その後、スイミングスクールを辞めて、養護学校に勤めることが決まったときは、「俺が言ったとおりだろう」と。「おまえはことばにできないもどかしさを抱える子たちの職場に行けるんだから、一番幸せな人生じゃないか」と言ってくれました。

勅使川原　目から汗が出るお話……。

川上　その後、教員になってから、作業療法士の木村順先生と出会います。私の感覚統合分野の師匠です。木村先生はそのときとても勢いがあって独立するタイミングで、私たち教員に対しても、遠慮なくガンガンくる人でした。

確か教員になって3年日だったと思うんですが、その頃ってそれなりにわかったふうになってしまうんですよね。そのときに、研修会で一人だけ立たされて、「今のことば、どういう意味で使った？」「本当に意味をわかって使ってる？」と、40分ぐらいガン詰めされて。「ああ、やっぱりわかっていない。わかっているっていうのはこういうことなんだな」と思いました。

この二人との出会いが大きかったと思います。

そこから先は、この世界は自分でいろいろと広げていけるのでそれが楽しかったですね。特別支援教育はさまざまな柱があるんです。感覚統合だけでなくて、発達心理や行動分析の領域や、あとは障害種別もＡＳＤ、学習障害（限局性学習症：ＳＬＤ）、ＡＤＨＤなどなど。そこに、認知の歪みや愛着障害なども加わります。

そうしたさまざまな分野の専門家がいて、結構それぞれがいい距離感でいます。よく言えば「いい距離感」、悪く言えば「仲があまりよろしくない」……（笑）。

勅使川原　いやあ、ここは「いい距離感」でいきましょう（笑）。

川上　私はどれも専門ではないので、「どこでも学んでいないんです」と言うと、変な色がついていないと思われるのか、みんなそれなりにかわいがってくれるというか、教えてもらえる感じがありました。

勅使川原　「教える」側ではなくて、常に「学ばせてもらう」側だと。それ、僭越ながら私も似たことを感じています。

学者じゃないし、著名な経営者やコンサルタントでもないしというところで、常に「そうなんですか！　それもっと聞かせてください！」と素で突っ込んでいってます。上下関係に縛られず、張り合うことも当然なく。そう考えると野良って悪くないですよね。

川上　よく言えば在野というやつですよね。普通に考えたら野良（笑）。

あとは、勤務する特別支援学校には、そもそもみんな言うこと聞いてくれない子たちがそろっているので、それがまた自分にマッチしていたと思います。「起立」と言って起立しない子がいっぱいいる世界って、あまりないじゃないですか。人は思いどおりにならないというのが、これだけ毎日経験できることはなかなかないので、それはもう楽しかったですね。

勅使川原　逆にいうと、そこがもどかしい方はご自身の中であるべき期待とか、期待を正当化する専門性がある、ということなのかもしれないですね。

専門性と「これくらいできないと」

勅使川原　もう一つ、ご著書で素敵だなと感じた点があります。間に着眼されている点です。「マルトリートメント」とはまさに、非合法と合法の狭間に落ちた事案。非合法も合法も語られますが、グレーな部分は往々にして置き去りです。拙著で「（職場の）傷つき」を扱おうと思ったのも非常に近しい動機なので、テーマの光の当て方に、大大大共感しました。これは、はじめから、課題は物事や何かの隙間に落ちているはずだという感覚があったのですか。

川上　うーーん。たまたま間だったとは思います。
私も、勅使川原さんの『能力の「生きづらさ」をほぐす』を拝読したときに、とても共感がありました。このテーマは学校と絶対に無縁じゃないし、職場としての学校には、そこに描かれているのと同じ状況があるんですよね。

勅使川原　おっしゃるとおりで、著書ではいずれも、働くときに生まれる間（あいだ）を扱おうとしています。それで言うと、ご高著はいずれも、そのまんま職場という文脈に転用可能なお話だと思っています。

しかも、間（あいだ）というのは、非合法・合法の話のみならず、学校から教育、といったライフコースの狭間の話でもあるということですね。ステージの違いがあるとして、その結節点にこそ、ねじれが生じやすいからよく見よう、と。

私の場合は教育社会学を通じてあらかじめ仮説がありましたが、川上先生は実践から紡いで、結果的に間（あいだ）の話をたどることになったのですね。とっても興味深い。

川上　本当にそうなんです。

世間での学校を取り巻く議論では、子どもの権利には着目され始めていますが、職員・教員の権利はまだ透明化されていたり、「傷ついている」という現実がなかなか取り上げられなかったりしますよね。

一方で、これは『教室マルトリートメント』でも触れましたが、逃れられない状況で教師の圧のある「風」に苦しむのは子どもたちなんですよね。その逃れられなさを考えたら、教師のその「風」がそのままでいいとは絶対に思えない。

選べなさ、逃れられなさは学校全体の課題の根源のような気もします。

勅使川原　現実的にはお互いがお互いを選べる状況なんてないのに、選抜とか選別がまことしやかに、「能力主義」の名の下に教育現場で行われているという、そのねじれのようなものを感じます。

例えば、私の本を読んでくださった学校の先生方から、「一般入試と総合入試でいうと総合型のほうがいいということですか」と二項対立的な問いをいただいたりもするんですが、お伝えしたかったのは、どっちがよくてどっちは悪い、とかそういうことではないんですよね。

川上先生のご著書にもキーワードになっていたとおり、学校の先生のなかに何か大きな「焦り」がある。それが「どっちなんですか」と答えを求めるような図式につながってしまうのかなと思ってはいるのですが、なかなか伝わりきることは難しいようです。

川上　白黒つけたくなっちゃうんでしょうね。

勅使川原　ですね。前提を崩してみるのがなかなか難しいんだなと感じました。

その意味でも、『教室マルトリートメント』は、その前提を、現場にいらっしゃる川上先生の生の声から果敢に、一度問い直していて感銘を受けました。この解きほぐしは、本書が脱構築しようとしている「これくらいできないと困るのはきみだよ」の出発点でもあると感じています。

川上　その上で考えると、「これくらいできないと」ということばは、私たち教育関係者の呪縛だと思うんですよね。その呪縛は、使命感や教育的使命とも言い換えられるかもしれません。そして、「このままだとあなたが将来困る」とか、そういった言い方で子どもや同僚に届く。

その背景にはパターナリズムがあって、強い立場にある者が弱い立場にある者の利益のためだ、あなたのためなんだという言い方で正当化されていくものだと思います。

さらに、使命感を全面にむき出しにすると、結局、指導はすべて駄目出しになります。届いていない、足りていないという思いがありますから。それをまた指導という名の下に、黙認、看過してきたところがあると思います。

ただ、特別支援学校にいると、子どもたちに対して「これぐらいできないと」とそこまで強く思わない気もするんですよね。

勅使川原　面白い。なんとなくそれを意外と感じる自分もいて不思議な感覚です。ぜひお聞かせください。

川上　「これくらいできないと」が出てくるところがあるとすれば、一つは特別支援学校の高等部で、そろそろ就労が見えてくるというタイミングでしょうか。企業就労を目指すなら、「これぐらいできないとまずいよ」という話が出てきます。

そうすると、例えば自閉スペクトラム症の子が、コミュニケーションに課題があるのに、「挨拶ができないと駄目だよ」とか、「報告ができないと駄目だよ」とかいうふうに言われて、障害特性と全然かみ合わない能力が求められるケースがあります。

勅使川原　なるほど、高等部でこそ「これくらいできないと」論が飛び交えど、特別支援学校の中でも、小学部や中学部ではその感が少ないということですか。

川上　小学部、中学部だと、ボトムアップ方式の教育が重視されることが多いんですね。その子らしさや、その子の中にあるものを大事にするという考え方が大きいと思います「本人の持ち味や興味・関心などを踏まえながらできることを積み上げていく考え方を「ボトムアップ」、社会的な要請や周囲から求められていることをもとに不足している部分を補って身に付けようとする考え方を「トップダウン」と呼ぶ）。

中には、「規範から外れているものはすべて直す」というやり方の先生もいるにはいるんでしょうけれど、傾向として、高等部のほうが状況としてそうなりやすいと思います。

勅使川原 存じ上げませんでした。ちなみに「これくらいできないと……」というのは、聞かれるとしたら日常的に耳にするようなものなのでしょうか。

川上 言われるとしたら面談などですかね。例えば保護者との面談で、「就労に向けてこういうところが足りないから、これぐらいできないと卒業後にきっと本人が困るだろう」というコミュニケーションはあり得ます。子どもへの「これくらいできないと」は、通常学級のほうが強いかもしれません。

特別支援学校の中だと、職員室での同僚間に存在するようにも思いました。

例えば、特別支援学校の場合は子ども一人ひとりの「個別の指導計画」を立てます。この指導計画では、目標と手立てと評価が一体化していることなどが求められるんですが、管理職や先輩教師から「これぐらいちゃんと書けないと、このあと大変だよ」とか。

あとは、これは簡単なものですけど、ＰＣではなくタブレット端末などで慣れてきた方が採用されたときに、ＰＣの操作に不慣れだと「タイピングぐらいできないと」とかもありますね。

勅使川原　なるほど。もう少し伺いたいのですが、「これくらいできないと」の「これくらい」ってどういうゾーンなんですか。

川上　タイピングなんかは、そんなに高度なことではないと思います。でも、やはり保護者との関わり方とか、それから「子どもの気持ちに寄り添う」というような、教師の仕事の本丸に関わるようなものに対しては、一定のレベルが求められると思います。「（障害特性などについて）このくらい知っておいてね」や、「（生徒の心情などで）このくらいわかってあげてね」などです。

勅使川原　これは一方で、専門性に関わる部分でもありますよね。生徒のみなさんと関わる上で重要な。

川上　そうですね。教員研修で講師の先生が来たりして、「これぐらい知らないの？」という感じで言われることはあり得ますね。

そこは勉強しておくべきところだと思いつつ一方で現状をみてみると、先ほどの本丸のところもそうですが、そこに迫れるだけの時間や、「これが本当は必要なんだ」と気づくための時間、コミュニケーションが、今は著しく少ないです。本丸であるはずの対話の時間が、やはり学校現場ではものすごく少なくなっています。

勅使川原　タイパよき「働き方改革」にならざるを得ないのですかね。

見えないものを決めつけない

勅使川原　冒頭で、「人は思いどおりにならない毎日が面白い」というお話がありました。面白いとはいえ、率直に言って、自分にはできないです、本当に。わが子すらままならない（笑）。「なんでおまえは」ってなっちゃうんです。

他方で、「こんなこともできないで」とか「あなたってほんとに」とか「何度言ったら」なんて口を突く瞬間って、未熟な者同士を慈しめない自分に情けなさが溢れるんですよね。いわゆる「チクチクことば」に自分も傷つくというか。なので川上先生に伺ってみたくなります。自分も相手も傷つけたくないので、どうしたら本当の意味でままならなさを面白がれるのか。

「なぜ君はこうなんだね」みたいなのって、まったく浮かびもしないんですか。

川上　はい、浮かばないですね。表面に出ていないものがあるんだろうなという感じで捉えているかもしれません。

勅使川原　ああ、そうか。その発想は大きいんですかね。ことばにできないもどかしさが原点だということですね。

川上　障害があっても、もし「この人は怖い」と思えば、顔色をうかがって表情や反応を取り繕うことはたぶんできるんです。だけど、その反応が本心かと言えばそうではないし、そのとき表に出ているものだけが「その人」でもない。

だから、月にたとえるなら、太陽の光が当たるその一面だけが地球から見えるのと同じなんですよね。そのときの状況でたまたまその部分が見えているだけで、違う側では違うことを考えているかもしれないし、違う人には違う顔を見せているかもしれない。

勅使川原さんが言う「状態」とはこういうことですよね。これがその子の能力とか、これがこの子らしさではなくて、この部分がたまたま見えているだけだという捉え方。

勅使川原　いやあ、本当におっしゃるとおりだと思います。ビジネスの文脈では、その人らしさを考えるときには、固定的な能力観でその人を定義したほうが話が早いとされてしまう。「人となり」という状態ではなく、素質や能力寄りの表現も確固として存在しています。

一方で、その揺らぎある人間像を訴える際に、いつも悩ましさも抱えるのが、脳科学などを引き合いにして、「人間の認知には限界がある」的な論を出されてしまうときです。

先日、別の対談でもこの話題になったのですが、「言ってることはわかるが、人間の認知には限りがあって、3つくらいまでしか人間は理解できないのではないか」と大学の先生がおっしゃっていました。その人らしさみたいなものも、「状態」と定義して揺らぐ前提にすると、逆立ちしても認知しきれないから、やはりコアなものがある前提で、なるべく要素を絞る方向が理にかなっていると。

それを言われて、うーんと思ったんですよね。うまく二の句が継げないからって、揺らぐ人間像を早々に捨象するのは違うような気も。そういうのって、川上先生でしたらどうお考えになりますか。

川上　ちょっと余計なお世話かなと思ってしまうかも。自分という存在が三つだけではできてないしな、なんて。

あとは、幸せな部分、ポジティブな部分はたぶん三つぐらいで語れると思うんですよ。おいしいものを食べたとか、誰かと出会ったとか、そういうのはたぶん似ているから。

だけど、不幸せな部分の形は人それぞれで絶対違うんですよ。だから、三つでは絶対語り尽くせないと思います。

勅使川原　さすが。それ、すごい有名な作家が言っていなかったでしたっけ。

……トルストイだ。「幸福な家庭はどれも似たものだが、不幸な家庭はいずれもそれぞれに不幸なものである」。〔『アンナ・カレーニナ　上　改版』岩波書店、1989年〕

それって直感的にそう思われますか。ご自身を参照して。

川上　他者の論に対して、「それは余計なお世話だな」というのは、昔から割と思っていたと思います。

例えばですが、大学院でスポーツマネジメントの世界に行ったんですね。スイミングスクールで3年間働いて、業界のあり方に疑問を持ったためです。マネジメントというものを学べば、この業界がもっとよくなるか、もしくは見切りをつけることができると思って。

でも、そのなかで「スポーツは人々に幸せをもたらすもので、それを広く伝えることで世の中にもっと幸せが増えるんだ」ということを教えられたときに、「あれ、ちょっと違うぞ」と思ったんです。スポーツをこよなく愛する人は、スポーツを広げることが幸せだと思うかもしれないけれど、もしかしたらそれは余計なお世話だという人たちもいるんじゃないかと。

勅使川原　「はぁ?」と思う人はいるし、いていい、いて当たり前なはずですよね。ダイバーシティとはそういうことです。

今のエピソードを伺って、教育社会学にも似た側面がある気がします。この学問は、格差論がメインストリームなんですが、「格差」ということばも、ある意味では大きなお世話だと思うんです。

そこにある定義や前提そのものが大きなお世話というか。お金がないよりあったほうがいいという前提が一元的ですし、その前提を疑うことなく、稼げる人はどういう人なのかをリバース・エンジニアリング〔他社の製品を分解・解析して、技術を知覚すること。ここでは、成功したサンプルなどから条件などを分析すること」して、コンピテンシーモデルだ、能力論だと挙げだすのが、本当におせっかいなんじゃないかと。

もちろん、社会階層が見えにくい日本において、隠れた貧困問題をあぶり出すことは不可欠でした。つまり、問題提起として、センセーショナルに「格の違い」ということばを使って喧伝するのは必要だったかもしれませんが、今後も「格差」論として、展開しつづけるのかは、今こそ再考されるべきとも考えています。

ちょっと話が逸れましたが、使命感というのはたいそうなものであり、同時に、自身の価値観の反映でもあるように思った次第です。

ゆらぎの許されない「評価」

川上 そうかもしれませんね。
PISAの学力テストなんかも、相当余計なお世話ですよね。それで測れるのは、せいぜい「まねっ子能力」だと思うんですよね。できる人たちのまねができるかどうか。

勅使川原 そうそう、それ言っちゃいますか（笑）。いやーまったくそう思います。

川上　その人がその5年後、10年後にはまた違った状態の「その人」になっているのに、その時点でのそれを測って比べても、あまり意味はないと思うんです。

そしてPISAのために「全国学力・学習状況調査」が実施されて、各都道府県の順位が報道される。また比べられて、順位が悪ければ「足りないぞ」と圧を感じるだけです。

先日、「全国学力・学習状況調査」の上位県の先生に聞いたら、とにかく上位をキープするためにあらゆることをやるんだと言っていました。例えば、まず小学校1年生から、紙を速くめくるための指導をする。しかもそれが教員採用試験にも反映されて、小1の子どもたちが紙を速くめくれるような指導を考えるという課題があって。

それでその結果をもとに「こういう時代になるから、これこれが必要だよ」と、もっともらしく言い渡される。そしてそれが、目的化してしまう。

勅使川原　「取り繕い」の選手権ですね。「優秀っぽく見える」アカデミー賞と言ってもいいかもしれない。
これは一体何なんですかね。人間の「わかりやすさ」を求める性（さが）ということなんですかね。どうしてわかりにくい、わからない、わかり得ない状態を捉えるようなことはこんなにもしにくいんでしょうか。それじゃ安定しないから、など先生方の合理性を探りたいのですが。安心したい、ってことですかね。

川上　うーん。

一つには、学校は評価が定期的に行われる場所だからかもしれないですね。3学期制の学校なら、年に3回は評価の時期がきますよね。子どもたちを評価する立場からすると、そのタイミングに合わせて、なんらかの形でまとめ上げたいというのがありますよね。

勅使川原　なるほど。移ろう状態を「評価」として描写することは難しいから、固定的な表現に落とし込みたいと。

川上　あとは、教員間の会話の中では「こういう子だから」という表現を用いることが多いですが、人はそうやってラベリングで理解できるんだという錯覚に陥りますよね。そういうことばで表現することができるんだと。

例えばよくありがちなのが、「意欲が低い」「態度が悪い」「自覚がない」などです。でも、その物差しはどこにあるのか、どうなったら「意欲がある」と表現されるのかは明確ではないし、こうした姿勢はそれこそ日によっても変わります。

勅使川原　それは毎日のように息子の先生からの電話で聞いてきたことばですね。

川上　あ、そうなんですか。夕方の電話が、もう怖くなりますよね。

勅使川原　自分の調子が悪かったら電話に出ないですね。まさに『教室マルトリートメント』の友田先生との対談にもあったように。第2章で紹介されていた佐々木正美さんの「熱心な無理解者」という表現に膝を打つ思いです。これは、子どもたちではなく評価に囚われている指導者とも言えるのかもしれませんね。

川上　背景には、1年単位でのお付き合いというのもあるかもしれません。「その1年間で伸ばしたい・高めたい」という思いがあると評価にはどうしても囚われてしまいます。あとは、その次の年の先生に「なんでここまでやっておかなかったんだ」と言われるとか。もう少し前だったら、例えば2年間持ち上がれることも多かったと思うんですけどね。

特別支援学校は幸い、関係性さえ崩れていなければ、例えば中学部での3年間を持ち上がれることが多くて。だから、「1年生の1学期ではこうだけど、3年生の3学期はたぶんこのあたりはマイルドになるはずだな」というふうに、焦らず長期的に考えられます。

でも、今の通常学級のように、1年単位でクラスも担任も替わるとなると、そうはいかない。

勅使川原　そうか。先生方の焦りというのは、他者評価や他人の軸みたいなものや、評価を恣意的なタイミングで区切られてしまうといった、現行の学校の仕組みと多分に結びついていそうだ、ということですかね。

川上　結びついている。そうですね。

社会は真面目にできている？

勅使川原　あえて素人としての感覚で言うと、「とはいえそんなの端(はな)から無理な要求なのだから、もっと『テヘペロ』的にやれないものか？」と思ったりもするんですが、受け流すのは難しいってことですよね。

つまり、後任者にあとから「去年、何してたんだ」と言われても、それこそあなたも私も、完璧に環境をコントロールできることではないのだから、「ああ、すみません。○○でお力添えください！」でいいような気も。

ぜひ考えたいのは、それが許されない空気があるとしたら、いかに突破可能かなんですが、川上先生はどうされていますか。意識的にそこまで内面化しないとか？

川上　たぶん、そういう場をやり過ごせる術を身に付けられたら大丈夫だと思います。例えば、本当に申し訳ないなというときには「すみません」と丁寧に伝え、いささか納得できないときは「サーセン」と言う、みたいなやり過ごし方も自分を守る術の一つだと思います。

そういう使い分けができれば、内心では「謝りはするけど違うかなと感じている」という場合もあるし、「本当に心から申し訳ない」という場合もある。自分で自分の軸を持てますよね。

こうした「なんでここまで到達していないんだ」という圧は、やはり通常学級で起こりやすいと思います。通常学級での教育はナショナルカリキュラム、つまり学習指導要領で、何年生でこれをここまで身に付けようと定められている。だから、「なんでこれがわかってないんだ」という圧が生まれやすい。

でも本当に、子どもたちは学年によってもそれぞれ色が違うし、雰囲気も違います。去年中学1年生を受け持って、今年も中学1年生を受け持つからといって、同じ1年になるかと言えばそんなことはまずないですよね。

勅使川原　ご著書にもありましたが、前年の担任が締め付けると、その一年間はお利口にしていても、翌年担任が変わった途端爆発することもあると。担任交代の際に揺り戻しがあるというようなお話はよくうかがいます。

川上　はい。個人的には、次の年の先生にどう言われるかはそんなに気にしなくていいんじゃないかと思うんです。でも、それを全く気にしないというのはやはり難しいようで、周囲からのプレッシャーによって3学期に圧が強くなる先生がいるというのも見聞きします。

勅使川原　年度末に交通違反の取り締まりを厳しくする警察官みたいですね。見えないノルマみたいな感じですかね。

気持ちはわかる気もしますが、圧をかけてくる側を一足飛びに変えられないとしたら、せめて、受け流し方をうまいこと考えたいものですが、難しいんですかね。情報を取捨選択して、情報のすべてを内面化しすぎないというか。なんて言って、うまく流しつつ、「これだけは」というところだけは聞くのも、それはそれで高いコンピテンシーですよね。

　でもその、「サーセン」では許されないという感覚や空気が職場としての学校に充満しているとしたら、それはしんどいなぁ……。


川上　使い分けみたいなものが許されない、という観念がある気がします。ことばを変えると、言動一致がすごく求められますね。

　ある研修会で講師をした際、「わからないと言えるクラスが安心感を作る。日本の学校の授業は「できる人！」「やりたい人！」「言える人！」という発問が多くて、手が挙がらない子たちは不安になりやすい。居場所も逃げ場もない。『あれー？』って思っている人いない？」とか、「今ここで指名されたら困るんだけどなという子は手を挙げてごらん」など、発問の工夫をしよう」という話をして。

　その後の質疑応答で、あまり質問がなかったので、私のほうから、たぶんぽろっとだと思うんですが、安心感が出るようにと「なんでも聞いていただいていいんですよ」と言ったんですね。そのとき、参加者のお一人から、「さっき言ったことと違うじゃないか」と言われたんです。

確かにそうなんですが、全部が全部そういうわけにはいかないし、その日のその問い掛けが他の日にもすべてそうというわけではない。でも、それくらいの厳密さが教師の言行一致に向けられていると感じました。

このケースに限っては、質問者の方にも「「子どものことを考えよう」と言っておいて、教員の気持ちは考えないのか」みたいな気持ちがあったんだろうと理解してはいるのですが。

勅使川原 なるほど。そこまで厳密さというか、一貫性が求められるんですね。万物は流転しているけども、そこにも屈しないというか、初志貫徹のようなものが、臨機応変さよりも重用される。そういった面が、学校文化にあるのかもしれませんね。

でも、かと言って、世の中が理路整然と、前言撤回の必要もなしに一貫しているかと言ったら、そうではないですよね。本当にいろいろなダブルバインドが起きてジレンマだらけで。「真面目」の意味を取り違えると、最初から無理無法な話にも聞こえるのですが。

川上 現実世界がそうである以上に「真面目であれ」と内面化しているのもかなり大きいと思います。

例えば、教師をしていると「軸がブレてはいけない」と言われることもとても多いです。「一貫性」とか。でもそれは、本来「子どもに合わせた一貫性」だと思うんですよね。「この子がこういうふうに考えるから、そこは受け止めるときにブレないようにしよう」という。教師は柔軟にその一貫性をつくっていく。

だから「軸がブレてはいけない」というのは、教師が変わってはいけないということではないはずなんです。でも、そう捉えられているケースは多いと感じます。

勅使川原　「ブレない」信奉ですね。企業の管理職にもこの「ブレない信奉」というのはあって、なかなか根強いものをたしかに感じます。

パターナリズムと学校

川上　学校はそもそも、至るところにパターナリズムが潜んでいるんですよね。

勅使川原　デュルケームの言うところの学校の「社会化」機能でもありますもんね。指示命令系統の下で「ふつう」を教わり、内面化するところとしての学校、と。

川上　例えば、各学校が掲げる「求める・目指す子ども像」も、子どもたちがなりたいと言ってないのに大人の都合でまず決めていますよね。しかも、それが何十年も変わっていないケースが多い。「今年はこの子たちだから、この子たちと一緒に考えて、こういう目標にしよう」だったらわかるんですが、そうではありません。
「学校教育目標」も、どの学校のものを見てもだいたいみんなポジティブで、「明るく元気で素直な○○小」とか、「思いやりの心、感じる心を持った○○小」とかなんですね。それにそぐわない子とか、それになじめない子、それを求められるとちょっと違和感をもつ子の気持ちには全く寄り添っていないですよね。
校内研究でも、研究テーマを見るとだいたい「○○○な子どもの育成」となっているんです。それも、「足りない部分を子どもたちに背負わせる権限が私たちにはあります」と言っているのと同じように響きます。

勅使川原　そこには、本書のテーマに回帰しますが、先生方からすると、「そういうふうに育たないと苦労させちゃうから」みたいなロジックやある種の正当化というか、親心のようなものがあるのですか。

川上　あると思いますね。

もし自分が目指す子ども像を考えるなら、「疑いたいと思ったらもっと疑おう」とか、伸ばす、高める、広げるばかりでなくて、「立ち止まったり、周りを見たり、違うなと思ったら違うんじゃないのと言っていい」というような内容にするだろうなと思います。それに、自分ですべてを解決しようとするばかりではなく、相談や援助依頼できる人を自分で見つけにいくことが、たぶん生きていくときに本当に役立つと思うんですよね。

勅使川原　うわあ。今ある校訓の真逆ですね。

現状は「やり抜け」だ、「自立しろ」だ、「自走」だ、「主体性」だばかりですよね。朝日新聞の連載をしているときに、公開されている小学校の校訓をリサーチしたことがあったんです。面白いほど、先のことばに集約されていました。ちなみに、もしやと思って中学受験の塾のキャッチコピーも調べると、まさかの共鳴。さらに言うと、中学、高校と、「自分で走り続けなさい」系の訓示が連綿と続いていて。しんどすぎて、その論稿はボツになったんですが（笑）。

それはさておき、「ん？　違うな？」と思ったら、立ち止まり、手を止めなければいけないですよね。

そもそも、学校って自立・自走させる場なんですかね。そのあたりは川上先生の目にはどう映りますか。掲げただけでやれるほど、自立、独立独歩で生きている人はいないと思っているんですけど。

川上　そうですよね。東京大学の熊谷晋一郎先生が、「自立とはたくさんの依存先を持つこと」とおっしゃっていましたよね。それに近い考え方での「自立」が成立すれば、学校現場もたぶん方向性は変わってくると思うんですよね。

例えば中学校や高校、あと今、小学校も高学年は教科担任制が導入され始めています。でも、教科による役割分担だけではなくて、例えば一人の先生だけが数学を教えるのではなく、自分よりも上手に教えられる先生がいたら、その先生のもとに行って聞いていいという形にするとか、そういう発想ができると思うんですよね。

だけど、決められた一人の先生の責任の下で、その先生が教えたことをどう解決したかを評価することに固執されてしまうと、たぶん子どもたちは苦しいですね。

それから、講演などでさまざまな学校に伺うのですが、校長室に行くと「わが校で必要な子どもたちに求められる能力、今後の社会ではこういう能力が求められる」というのがたくさん貼り出されているところがあります。

勅使川原　そちらさまはなんぼのもんなんですか、と正直思いますけどね。私もあなたも、未熟じゃないんでしょうか、と。
『働くということ』にもあるのですが、2022年には経済産業省が、「未来人材ビジョン」という提案のなかで「意識・行動面を含めた仕事に必要な能力等」といって56も項目を出しているわけですよ。それも、ご丁寧に「56に整理した」とおっしゃっていて。56って多くないっすかって（笑）。

川上　この56の逆をいったほうが生き残れそうですよね。
みんながこれを追い求めるんだったら、これが標準になるわけだから。

勅使川原　いや、そうなんです。昨年、リクルート社がZ世代の就労観調査（「Z世代（26歳以下）の就業意識や転職動向」）を行ったんですが、「汎用的な能力を身に付けたい」と答えた人が増加傾向にあるという結果でした。
しかし落ち着いて考えれば、「汎用的な能力」って一体何ですかという話ですよね。あまりに求められ過ぎていて、平均的な、「ふつう」の極みのようなものがあるような気がしてしまうけど、存在するのだろうか？　と思えてきます。それに、生存戦略としてとても、汎用性を盲信することは、危ういんじゃないかとも思うんです。個々に見れば、尖りがいろいろある前提で、その凸凹を組み合わせてチームとなる。一人ひとりの優劣なんてどうでもよくて、その組み合わせによって総じてチームとして回っていれば、それでじゅうぶんなんだという労働観にしないと、どんどん個が小さくまとまってしまうのではないかと懸念しています。

「これくらいできないと」に話を戻すと、結局、「社会」（＝多くの場合、労働）はそんなに甘くないぞ、困るのは君だぞ、という労働への戒めの体だと思います。つまり、労働の声が、教育に呪いをかけられるくらい、不用意に強いような気がしています。

そうだとして、この関門をどう切り抜けられるでしょうか。すでに事実としてパターナリスティックな学校があって、それはもちろん変えていく必要があるのですが、一方でそれを真正面から「こんなのは間違っている」「社会モデルというのがあって……」とやっていく難しさも実感します。そこで二枚舌的に、というか、ゲリラ戦として小さな社会運動を起こしつつ、先生ご自身の健やかさも保つにはどうしたらいいのかなと気になっています。

川上　そこを職場としている身としては、一つはやはり巻き込まれないようにすることじゃないでしょうか。多少のカモフラージュはしつつ、一応なじんでいるふうにはしていますが、例えばそういう「評価軸」や「求められる像」から一歩引いて見るというか。

勅使川原　没入しない、と。それは大事ですよね。

「そろう」「整う」「まとまる」

勅使川原　先生方からよくおうかがいするフレーズとして、「のれる」とか「そろう」「整う」というのもよく聞きます。「まとめる」とか「まとまる」とか「まとまっている」という表現も。人間ってそんなまとまるものなんですかね。

川上　そこはこれから先、学校が考え直していかなければいけないところだと思います。現状では、「そろう」「整う」「まとめる」というのが、たぶん教師の三大指導力指標のような気がするんですよね。特に通常の学級は。だけどそれって、全部表面的なんです。表面の「そろい」や「まとまり」です。例えば、行事のときに全員の列がそろっているとか、姿勢が整っているとか、あるいは一言いえば集団がこちらを向く。それが良しとされてきました。

でも、もうそろそろ、内面の安心感をそろえるとか、自分とは異質なものと共存するという感覚がそろうとか、そちらにシフトしていく必要があると思います。例えば、その場のみんなが自分らしさとか相手の相手らしさもお互い認められるような「安心感」がそろっているか。
何がどうそろっているか、外からは見えないけど、みんながそれぞれに安心できている状態。それなら、だれにとっても志向できると思うんです。
「そろえる」「整える」「まとめる」を本当に持ち込むのであれば、内面に着目しないと駄目だと思います。

勅使川原　うーん、たしかに。褒められるのは、まとまりのよさやすっきり感。とがめられるのはその逆、つまり「混沌」であり、それをよく「勝手」とも言われた記憶です。いやあ、面白い。足並み、足取り、そろえましょうと言われますよね。どうせそろえるなら「内面の安心感がそろう」、あぁ目から鱗です。

川上　結局、「そろう」「整う」の前提には同質性があるんですよね。だけど、差異は実際にはたくさんあるんですよ。いろんなものに対する抵抗感や警戒心、その子の過去の積み重ねなんかも含めて固有のものが。
例えば、感覚統合について学んでみて、前庭感覚や固有感覚といわれる、普段意識されていないような感覚のつまずきが、未知の経験や新たな物事に対する警戒心とか抵抗感を生み出しているのではないかと感じています。
そう考えると、みんなが一律で同じように感覚を使っていて、みんなが一律で同じように物事を見ているという前提では何も始まらないんですよね。感覚の差異を大切にするところからじゃないと。

勅使川原　学校行事なども同質性をベースに設計されていますよね。合唱コンクールや体育祭（運動会）などで、「みんなで協力して、一つ山を乗り越えて、優勝できた」という経験が今後の人生に生きてくるはずだという観念があるというか。
確かにそう思える人もいるかもしれないですが、みんながみんなオリンピックに出なくていいんですもんね。

川上　感覚のつまずきで参加自体に抵抗感や警戒心が強い人もいる。にもかかわらず、こうした一元的につくられた「成長の場」を課す権限が教師にはあるんだと思い込んでしまったら、やはり子どもたちは苦しいと思います。
「私は見ているだけにします」「裏方やります」とか、「応援はしますけど舞台の上には立ちません」とか、それらも参加の1つのあり方として認められるのであればいいんです。全員が同じ程度を同じ土俵で求められていることに大きな問題があると思います。

勅使川原　うわあ、面白い。そうか、種目、つまり能力を測る種目を変えたり、多様に用意したほうがいいとかいう意見を言う人は結構いらっしゃる気がするんですけど、参加自体を本人が決める権限があるというのは、すごく新鮮に聞こえました。

でも、考えてみればごくごく当たり前のことなのに、こんなに新鮮味があることをもう少し考えたいです。そういう差異が現にしかとあるのに、今この瞬間、即時的、表面的なものにどうして執着してしまうんですかね。

川上　そうなんです。そこはたぶん、先ほどの評価と同じく、学級担任が1年間契約の制度であることにつながっていますよね。なんとかして自分が立て直したという、一つの成功体験をもちたいとか。

そうなると、目の前のこの子が将来幸せになるようにとか、いい出会いに恵まれますようにという気持ちよりは、自分（＝教師）都合でコントロールできるかどうかが重要になるんだと思います。

でもそれはたぶん、教師もコントロールされているからなんですよね。

勅使川原　「立て直す」か。倒壊寸前なわけですね。そこに、コントロールの連鎖。

川上　だから最終的な目標が、子どもたちの表面の「そろう」「整う」「まとまる」になる。つまり、「子どもたちが豊かな人生を歩めるようにする」というのが、教員の仕事の目標や成果にならないんですよね。ノルマには数えられていない。だからそこを頑張りたくても、評価されないし優先度が上がらない。そして、見た目の、その場限りの「そろう」「整う」「まとまる」が、「指導力が高い」という成果や評判になってしまっている。

勅使川原　あぁ、先生という仕事をしんどくさせる根っこに、かなり近づいてきたような感覚があります。先生自身が子どもたちを掌握、コントロールできている感という能力主義を手放せない構造になっていると。でも、きっとですけど、本来は「いること」が仕事なんですよね。一緒にいる。

川上　「一緒にいる」がいいんですよ。そうなんです。

勅使川原　一緒にいることの目的と手段、というか目標が変わってしまっているんですね。そうか。

うちの母は高知出身で、故郷は漁村なんです。教育のお仕事が増えてきたので、昔話的に母とよく話すんですが、母の小学校時代の一番の思い出は、テストがどうだったとか、運動会がどうだとかではなくて、休み時間になると先生の膝の上で「先生、あのね」とずっとおしゃべりしていたことだとよく言っていて。親は仕事で忙しく、生活時間帯もずれていたりするし、うちの母の場合は4人兄弟の長子で、「ヤングケアラー」と言われる数十年も前から当たり前のように、3番目、4番目の子を放課後は常におぶって世話をしていたと言うんですね。そんな中にあって、大人とゆっくり他愛もないおしゃべりをできるのは、学校だったそうで。居場所、安全基地ってこのことだなと思うんです。

ただ、この「一緒にいる」が本来の教育の姿だったのかなと思う一方で、今それをやれる学校はほぼないですよね。すみません、感覚がずれていたらあれなんですけど。

一人の子だけ抱きかかえてやるとか、NGじゃないですか。その辺はどうでしょうか。その時々で必要な子に向けて「一緒にいる」というのは、いまだに可能なのでしょうか。制度的に難しくされてしまっている部分もやっぱりあるのでしょうか。

川上　「一緒にいる」は私も理想だと思います。ただ、やっぱりこれまで見てきたようながんじがらめや制度疲労で難しいんだとも思います。

この20年、30年で、教育現場はだいぶ窮屈な感じにはなりました。個々にぐっと踏み込んで支援できるといいんだけどな、というもどかしいタイミングがあったり。

勅使川原 「ただ一緒にいる」が仕事になった途端、実践が難しいですもんね。ここがジレンマだよなぁ。他方で、そういう有形無形の「ケア」は業務じゃないよ、としてもらったほうが、業務範囲が限定されて楽といえば楽と思う方もいらっしゃるんでしょうね。

川上 そうですね。踏み込まなくていいなら仕事は減るし、ケーススタディみたいなものも、「そこまでやる必要ないじゃない、こういう時代だし」となるし。

それから、窮屈になったと表現はしましたが、いいところもあると思うんですね。例えば教室での子どもの呼び名が「さん」付けになったりしたのは、表面的ではありますが、意味があるだろうと思います。

パターナリズムと学校ふたたび

川上 制度疲労のもとでの教育がどうなるかといえば、例えば子どもに向けられるダブルバインドが大きくなりますよね。中学校なんかだと、入学当初は「自主自律」「世界に羽ばたけ」と言う一方で、受験が近づくと「枠からはみ出るな」「規則は規則」「内申に響くぞ」と変わっていく。

そういう形は、やはり子どもたちには苦しいと思います。特に今の子どもたちは、もっとラポール（信頼関係）を求めている気がするんです。降りてくるルールにはかなり割りきって過剰適応して、そのなかで本当に信頼できる人が誰なのかを探している。でも、極端な物言いになってしまうかもしれませんが、信頼して相談できる人が見つからないと、次は不登校（学校からの離脱）か自殺（生きることからの離脱）の二択しか取れる選択肢がない、という問題は生まれています。

今の学校は、先ほどの体育祭の例でも挙げたように、同質性が前提になっていて、「私は違う」「こうしたい」と言える余地がありません。子どもの権利条約第12条で「自由に意見をいう権利」が規定されていますが、その実現は十分ではないとも言えます。学校という場所は、子どもたちが「やる」一択ではなく、「やりません」「できません」「無理です」と安心して言えるようにならないといけないと思います。

それを実感した出来事が過去にありました。

ある年、特別支援学校中学部で担任をしたのですが、学年の20人中3人が、小学校の特別支援学級で不適応を起こしたといわれて入学してきました。その子たちは、確かに何かやらされそうな雰囲気になると、すごく嫌がるんです。嫌だと泣き叫んだり、物を壊したり教員を攻撃したりすることもあります。

そこで、「こちらとしては無理してやらせようとは思っていない」と話したんです。「無理してやらせようと思っていないよ。堂々と、でも静かに、できません、無理です、やれませんと言ってください」と。そうしたら、半年ぐらいたってようやく、ことばで「できません」と伝えてくれるようになりました。

「できません、やりません」と言えるようになってよかったと思っていたら、そこからがまた面白かったんです。安心して「できません、無理です」と言えるようになると、今度は「ちょっとやります」とか、「誰々さんと一緒だったらやってもいい」とか、そんなふうに言うようになりました。

だから、私たち教師が考えていた「「やれない」とか「できない」というのはわがままだ、自分勝手だ、それを認めたらみんながそうなってしまう」という危機感は、現実にはそうならないし、「やりません、無理です」と安心して言えることでこそ次があるんだな、とそのとき気づきました。子どもたちに教わったんです。

逆に、自分なりの参加の仕方が認められなければ、その次はもう「学校へ行かない」あるいは「生きられない」しかないんです。だから、学校が「できません、やりません」が安心して言えて、「わからない、無理です、難しい」というのも遠慮なくためらいなく言える場所になるというのが、一つの鍵かなと思います。

勅使川原　いや、めちゃくちゃ面白いなと思いました。ビジネスの文脈とも重なりが大きそうで、鼻息が荒くなってすみません（笑）。拒否を一回受け止めてもらったほうがむしろやるという、その仮説がなんとなく私にもあったので。
『職場で傷つく』（大和書房、2024年）でも、職場で傷ついていることを一回まず能力主義を超えて認めることからしか、変革が始まらないのではないかと提起しました。始め方、スタートラインの着き方の話です。これまで、拒否や「できない」「やりません」を言った時点で、多くの人がそれを本人のせい、それも「そんなこともできないなんて」という能力の問題にされて傷ついてきた人生だと思うので。でも、そうじゃないですよね。

決定権をもたない現場で

川上　まず一歩として、制度疲労を乗り越えようと思うと、やっぱり余白をつくったり、ゆるめたりということが必要なのかなとも思ったりします。
例えば、4月の頭をもっと長く春休みにしたほうがいいんじゃないかなと思っていて。夏休みは少し短くしてもいいから、新年度を4月15日ぐらいからスタートにしてもらえると。今みたいに4月6日からだとやっぱり厳しいですよね。だから、4月は15日ぐらいにスタートで、そこから緩やかにスタートしていって……みたいなのが教師にも子どもにも一番いいと思います。

夏休みの終わり方も、新学期がいきなり9月1日に始まるよりは、9月の1週目は午前中だけにして、緩やかなスタートから少しずつ時間をのばしていくとか。その間に子どもとやりとりしたり、心の面の手当てをする。そんなふうに、「夏休みは明けたけど、いきなりのスタートではないから、ゆっくりいこうね」とやっていけるといいですよね。

でも、なかなかそう言って実現していくのが難しいなという感じもあります。

勅使川原　それは言いたい……ですが、駄目ですかね。

川上　やっぱり、現場から言っても、決定権はここにはないですよね。結局、無気力になっているのは教員のほうなのかもしれません。

勅使川原　切ない。そうだよな、それはみんなそうならざるを得ないわけですね。先生方に蓄積する学習性無力感と言えますね。

こういう、至極当然と思えそうなことに気づいたとき、これを口に出したり提案したりすると、学校という職場ではどんな空気になるんですか。もちろんケースバイケースだとは思いますが、「うるせえ奴」って思われたり、「これだから熱血先生は……」と思われたりするんでしょうか。

そもそも論に立ち返って紡ぎ直すことが小さな変革には不可欠だと思いつつ、問い直す人って、煙たいと言えば煙たいですよね。

川上 うーん。そうですね。「熱血」とかっていうよりは、やっぱり「そんなこと言ったってしようがないよ」って話になるんじゃないですかね。

勅使川原 諦めなんだ。

これは企業より強いかもしれないな。こうして、「余計なことをするな・しないでおこう」の圧は学校こそが最強化していくのですね。

川上 もう本当にガチガチですよね。私も正直、現場では思っていてもあまり言っていないと思います。「こっちのほうがいいよね」と思いはしつつも、でも、「たぶんこの思いはどこにも届かないだろうな」とも思って。

そうなるとやっぱり、鍵を握っているのは構造であり組織なんですよね。勅使川原さんの著作やお話のなかで組織開発のことを知って、やっぱりこの方向性だろうなという思いがあります。そこしかないと思うんです。

個人に背負わせても駄目だし、かと言って、学校は現状、学校単位ではできないことのほうが多い。そうすると、教育委員会でしょうね。牙城をどう崩すか。

そこにいる人が、後に現場に帰る人たちなのか、もう現場には戻らないのかというのもキーになると思います。

勅使川原　確かに、もし戻らないなら、「一抜けた」で上がりですよね。

川上　そうなんです。そして、今度はその人たちが、現場の先生たちに対していろいろものを言う人になる。あるいは、「こういうことが子どものために必要だからやりたい」と提案しても、財務の面で厳しいとか。そうやってふさがれると、現場は苦しいです。

勅使川原　うーーん。教育財政学というのもまた複雑ですよね。

先日読んだ『月刊 教職研修』2024年9月号（教育開発研究所）の記事を思い出し

ました。東京大学名誉教授の神野直彦さんのインタビュー「財政と教育――なぜ、教育予算が増えないのか?」です。

日本では、教育の目的がどうしても個人単位の、子どもの将来的な所得競争、稼得競争になっていて、「うちの子が競争で負けるかもしれないのに、教育に金を出すのはばかばかしい」という思想になりやすいのではないかという指摘を、国際意識調査の結果と絡めてされています。

これは、「公共性が全くない教育像にこそ問題がある」という趣旨だと思うのですが、それは本当にそうだという一方で、でもそれを言っていると変わらないんだよなというのも感じています。国民こそが、教育の価値を認めていないんじゃないか、という指摘だったと思います。

やっぱり、教育って公共的なものですよね。

川上　うん、そうですね。本来であれば、最終的に国を支えてくれる子どもたちや若い世代の人たちが、この国でよかったと思ってもらいたいです。だけど、現状が、いろいろな人の思惑が絡み過ぎてしまっているように思います。

言えたら癒える？

川上　文部科学省が始めたＳＮＳキャンペーンで、「＃教師のバトン」というハッシュタグ投稿があるんですね。目的としては恐らく、「教職にはこんなに魅力がある」と伝えるためだったと思うんです。だけど現実は、ネガティブなものがぶわっと出てきたんですよね。不平不満があふれ出したような。

勅使川原　叫びでしたね。

川上　その「叫び」が出てきたときに、思ったんです。職員室で思っていることを言えないんだな、と。それがここで発散されているんだと思いました。

勅使川原　拙著に書いた話で恐縮ですが、「言えないから癒えない」ですよね。

川上　そうなんです。そうすると、今度は「言えるようになったら癒えるのか？」という問いも自分の中に出てきて。

勅使川原　いいですね。ぜひそこを考えたいですね。

川上　SNSで言っていても、たぶん癒えてはいないんですよね。では、職場で言えるようになったら癒えるのだろうか。

職場で共有したら、たくさんの「あれが嫌で困っている」「これをなくしたい」というのが出てくると思います。でも、「癒える」にまで至るには、逆に「これは絶対残したい」「ここが教師の仕事の本丸なんだ」というものを自分で持っている必要があると思います。ある意味では、相当前向きですよね。

働き方改革で何かを削減するとなると、大抵、見えているものから着目されるんです。超過勤務とか。だけど、本当は今、見えていないものの中に一番の本丸があるんです。

その本丸をなんとか確保したいんだ、と。「そこを最初に優先的に確保するために、これはなくせる、これは削れる」にならないといけないのに、それが見えていないから、結局何もやめられない事態になってしまっていると思います。

勅使川原　見えないところに教育の本丸、真髄があるのだという大大大前提なしに言えば癒えるものではないと。むしろ「すべて最優先」の世界線をたどり、混乱する可能性もあると。なるほど。

川上　うん、そうなんですよ。

本丸はやはり、子どものことを理解するための対話、コミュニケーションですよね。それから、子どものことをもっと知るための学びの時間。そういう優先度などを全部無視して「早く帰れ」と言われても、結局は何にもならないです。そこから不満も生まれる。

だから今、本丸の「より魅力的な授業をする」とか、「子どもと深く対話する」というのが、一番遠くにある目標になってしまっているんです。この目標達成に着手するためには、それ以外の、見えているけど本丸ではない仕事をたくさんこなさないといけない。一番大切な仕事のはずなのに、相当な道のりをたどらないと着手すらままならないわけです。

だから、この本丸が仕事の優先度の最上位にくれば、「やらない」仕事の線引きも進んで、教師の「この仕事は楽しい」が続くと思うんですよね。

勅使川原　わかります。この本（『「能力」の生きづらさをほぐす』第9話）でも、主体と客体について、どちらかしか持てないトレードオフの関係では必ずしもなくて、順序を考えれば両立できる、つまり達成したいならばそれには然るべき手順があるんじゃないか、と書きました。

今のお話も、「言えたら癒えるんですか」という問いもあり得るとは思うのですが、その前に「言えない限りは癒えない」のであるならば、まずは言うところから始めるということですよね。ただしそれを、あまりに無鉄砲にやっては、癒えるものも癒えないかもしれない、ということですね。川上先生がおっしゃるとおり、

✓「子どもたちのことをわかろうとする」というのが教職の真骨頂だよね？
✓今そのための時間を圧迫している業務があるならば、どれは止められそうか？

といった認識の上でしか、吐露しっぱなしで建設的な議論の土俵にならないのでは？という懸念はそのとおりだと、今はっとさせられました。

どうせ無理だよ、の前に、どういった順番で事をすすめれば、牙城を崩しうるのか？というプロセスの話が変革の肝だと、改めて思わされましたが、この議論って、本当にしにくい。昨今の働き方改革では、いの一番に削減されそうな時間とも言えそうです。ちなみに企業でもそうで、「我々のミッションの本丸はなんだっけ？」「この業務は誰のためにあるのでしょうか？止めてみませんか？」なんて議論を、生産性

向上のために15分単位で区切りましょう、なんて言っている会議において、できるはずがありません。

「職場で言う」を学校でどう実現するか自体が、けっこう難しいんですよね。

川上　例えば、私が教員として採用された当時は、職員会議が夜8時、9時まで行われることがよくありました。そこで議論されていることの多くが、本当に答えが出ないようなことばかりなんです。

当時の、議論を延々と続ける方法だと、早く帰ることはもうできません。意見の広まりの収拾をつけるのは大変だし、時間がかかる分、「子どものことを考えてしっかり教材を作りたい」とか、そうした本丸の仕事の時間も確保が難しい。だけど、あの雰囲気があったから、自分たちがああだこうだ言えたのだな、とも思います。

一方で、「上意下達」のシステムだと、基本的には「言われたことだけやればいい」ですよね。自分も、その恩恵を多少は受けている。それこそ本丸の仕事以外であまり時間を取られなくて済むという。

ただ、やはり言える雰囲気がないからコミュニケーションが減っていて、それがゆえに魅力の少ない現場になっているのは間違いないですよね。ほかの業界と同じように、学校ももれなく、常に人材不足で、なり手がいない。もう選ばれない業態になっているんだなと思います。

勅使川原　なるほど。私の関わる企業だと、物事を決める会議と、違いを認め合う会議とは分けて実施することを推奨しています。決める会議は、あらかじめ15～30分単位などで時間をセットして、時間内に決定事項をまとめる。その一方で、違いを認め合う会議は働き方改革や効率化のために短縮して「答え」を出そうとしてはいけないとされています。

でも、今のお話を聞いて、もしかすると、決める会議の背景にもそれぞれの価値観が多分に含まれて、違いを認め合う会議と物事を決める会議とがそもそも分けられないのが、教師という職業において顕著なのかもしれないですね。

川上　そうかもしれないですね。

それと、職場としての学校は、教師どうしが互いの指導の違いに触れない組織だと思います、たぶん。「この人はこういう指導観でやっているから」という線引きがあって、そこからは踏み込まないような。

勅使川原　そうか。パンドラの箱ですね。

違いに触れない。そうか。逆に言えば、触れないでも全うできるんですね。

評価と評判

川上　この対談でもたびたび触れましたが、ノルマが曖昧だからだと思います。明確な、何を作ったとか何を生み出したかの客観的な線引きがない。給特法（「公立の義務教育諸学校等の教育職員の給与等に関する特別措置法」）の背景でもありますね。どこまで何をやっても、成果がわかりにくいし、そのやったことが成果にどうつながったかもわかりにくい。

例えば授業準備に何時間かかったとしても、それでいい授業ができたかというとそうとは限らないし、「いい授業」とはそもそもどんな授業かという基準も曖昧です。そうすると結局、「その人が好きな時間に好きなことをやっているだけでしょう。それでは労働時間には当たりません」みたいな感じになってしまうと思うんです。

やろうと思えばいくらでも職場に残れてしまう仕事です。実際に自分も、家に帰ったら教育のことを忘れているかというとそうではなくて、「これ、教材に使えるな」とか思ったりするわけです。その区別がしづらい職業なんだと思うんです。

勅使川原　生きざまそのものが職業なんですね。

面白いですね。すごく規範に縛られたパターナリスティックな感じがしつつも、ノルマではないという。これは難しい仕事ですね。

そう考えると、先生方はもしかすると、評価ではなく評判で動いているのかもしれないですね。明確なノルマの基準はないから、そこに定義されるんじゃなくて、「この先生は実力あるから」という〝声〟で。


川上　そうですね。

それでも、特別支援教育はその向きが多少は少ないかもしれません。アプローチの焦点は個人ですから、そこでその子自身の成長や困りの軽減を見ることができます。

例えば、その子の行動の背景を見取って、そのつまずきを軽減できる学習を提案したり、もしその学習ができたら、今度はそこから発生する問題について一緒に対応を考えたり。「この子はこういう過敏性があって、それが軽減されたら自信が持てるようになる。そうすると「もっとやりたい」が強くなって困っちゃうかもしれないけど、それはそれでうれしい悲鳴ですよね」みたいな。

だけど、通常学級の場合は集団で動くのが前提で、そこには集団の論理が持ち出されることが多いです。そうすると、やっぱりその集団にそぐうかそぐわないかとか、のれるかのれないかとか、そちらが優先されてしまうんです。きっと〝声〟とおっしゃったものはそうした背景から出てくるんだと思います。

勅使川原　ちなみに、学校の先生方はストレスチェックってあるんですか。

川上　あります。業者によるんでしょうけれど、中にはひどいものもあるんです。例えば、「子どもの問題行動に悩まされ続けているか」のように、子どもを悪者にするような項目があったりとか。本質的には構造の問題なのに、子どもの問題行動という、それこそ個人に問題を帰するような書き方です。

勅使川原　結果の開示とかは全くないですか。

川上　あるにはあるんですが……。
私の場合は、過去に『職場で傷つく』のCASE2とよく似た出来事がありました。このCASE2は、ストレスチェックで上司のパワハラめいた言動について記載したのに、何の対処もされなかったという内容でした。私も、すごく理不尽な管理職の下にいたときにあらゆる項目で「相当ストレスです」と訴えるように答えたんですが、後日出てきた結果が「それほどストレスはありませんでした」という内容で。「なんだよこれは」と思いました（笑）。そういう感じです。

勅使川原 そうなると、むしろ「じゃあ聞かないでくれ」ってなりますよね。

川上 あのやり方だと、何をしても何も改善されないから、行き詰まりを余計に感じるし、「この仕事はストレスを訴えられないんだ」という思いになりますよね。誰かに何かを相談するでもなく、自分の中で消化してしまうしかない。傷つきは誰にも言えないし、誰も信頼できない、となる。

勅使川原 そんなふうに、半ばコントロールされたような状況で、信頼もできないし、本音など言えないですよね。

そのくせ、これは学校ではあんまりないかもしれないのですが、企業だとやたら「安全基地」を言い換えたような、「心理的安全性のための1 on 1」をやれとか言われて。決められた時間内に上司と1対1で話すんですよね。「最近どうだね」とか言って。「最近どうだね」じゃねえよって感じじゃないですか。茶番に時間を割いてしまっている。

川上　そうですよね。そういう、面談が形骸化しているところは学校もありますね。

教員は週案を毎週作成します。１週間、月曜日から金曜日までの授業の、一コマずつの予定や目標を書いて管理職に出します。

一つのやり方ですが、その週案の評価記述欄に、伝えておきたいことを書いて提出するということもあると思います。そこで、はんこを押してもらえれば、１on１しなくても、「中身見てはんこを押してくださっていますよね」と言えるんじゃないかと思って。

勅使川原　それはすごく大事だと思っています。

１on１という形は、言語優位な人にしか有用ではないし通用しないとも思うので、日報とか月報でもいいんじゃないかとよく伝えています。

川上　ゆっくり考える人や、ことばになるまでに時間がかかる人はいますよね。なのに、その場で答えを求められたり、その受け答え自体が評価対象になってしまうときがあるじゃないですか。この人（子）はうまく答えられないんだ、みたいに。

勅使川原　言語化能力ですよね。下手をするとコミュ力とか。

教師の仕事の本丸と働き方改革

川上　働き方改革については、過酷な労働環境が明るみになって「先生は本当によく頑張っている」「頑張らなくてもいい」と言ってもらうことが増えました。教師の安心感にもつながっていると思います。でも、だからといって全部の手を抜くのかというとそれは違うと思うんです。繰り返しになりますが、「本丸」を手放さないために、本来必要ではなかったさまざまなことを手放すんです。子どもとの対話、魅力的でわかりやすい授業をどうやって実現するか。そこは手放してはいけないし、むしろ頑張りどころです。

でも、「全部に手を抜いていいいんだ」と理解されているケースもあって、それは違うんじゃないかと思っています。

勅使川原　なるほどな。それは企業の文脈でもよく言われますね。「中には、もっと頑張る必要がある人はいるでしょう」とか、「ありのままでいられたら困る」なんていうふうに。

これって、どう建設的に議論できますかね。これを、「では、教師の「コアな信条」を設けよう」とか言い出すと、これまでせっかく話してきたのに、結局は能力論に回収されてしまいそうな気がして。何があると、これを乗り越えられるだろう。

川上　「頑張らなくていいよ」と言われたときに、安心につながる人と、大手を振って手抜きしていいと捉えてしまう人の二極があるんだ、と考えてしまうと、能力論に絡め取られてしまうんだと思うんですよね。「頑張らなくていいんですよ、安心していいんですよ」をどう受け取るかということだと思うんです。

結局、教師の仕事は最終的に子どもたちに返りますよね。その先には子どもがいます。だから、やはり子どもの変化を知ろうとしないと始まらない。子どもの育ちに関する科学的な知見や理論は日々更新されていくので、それを手に入れないまま、20年、30年前のことが通用すると思ってやっていたらいけないわけです。「自分はこうやってきたから」と押しつけ続けたりとか。

勅使川原　そうか。「頑張る」を前提にはしていたほうがいいのかな。頑張る方向を間違えないようにしよう、という方向性がいいのですかね。

川上　この業界は、深めようと思えばいくらでも深められると思うんですよね。でも逆に、「自分はもう、この辺でいいんだ」と思った瞬間から、子どもたちの変化や成長、気持ちと離れていくのが教育でもあります。そこを乖離させないためには、やはり教師も子どもたちから学び続ける必要があります。

そこを抜きにして「頑張らなくていい」となってしまうと、一番大切な子どもの心や育ちからどんどん離れてしまうのではないかと思うんです。

勅使川原　いやあ、そこ、大事ですね。

川上　傷つきがあることは理解、共感しています。やるべきことがあれば当然、焦りますし。この本〔同『教室「安全基地」化計画』第4章図4-1〕の「正義のフィルターの構造」で言えば、このフィルターの上部に傷つきが来ますよね。

教室マルトリートメントについて伝えるときにも、こういう傷つきや外圧があることとは絶対欠かしてはいけないと思っていて、「今まで傷ついてきたよね」と添えるようにしています。

教室マルトリートメントも、自分たちの焦りを手放したいとか、自分たちの苦しみを手放したいという気持ちから起き得ることだから、そこに目を向けないまま、「怒鳴っては駄目ですよ」とか、「威圧的な指導は駄目ですよ」と迫るのはあり得ないと思っています。

では今度、その傷つきを取り上げてもらったとして、「俺たちは傷ついてきたんだから」と言ってすべてが許されるとか免罪符になるわけではない。それを言った瞬間に、今度は子どもたちが、「先生ってなんだよ」となりますよね。だから、傷つきを取り上げてもらった次の段階には、「本当に子どもたちと向き合う時間が確保できるんだったら、私はこうありたい」というのを持ってこれるといいなと思うんです。

勅使川原　いやあ、すごく納得ですね。

それを「べき」論で語ってしまうと、おっしゃるとおり全部が最優先になってしまうわけですね。

自分の領域を守りながら

川上　混沌としているのが結局、学校という場所なのかなと思うんです。そとから見て、こんなにもどかしい組織はたぶんないんだろうなと思います。向かっている方向もそうだし、例えば小学校の先生だけでも30万人以上いますから、いろんな先生がいますよね〔文部科学省「公立学校年齢別教員数（令和3年度）」〕。保護者による「こんな先生がいて……」というSNS投稿などもよく見ます。
それから、教師を育てるシステムが果たして理にかなったものになっているか。あたかも、「こういう研修を積んでいけば、いい先生が育ちます」というふうな建てつけになっていますが、それ自体もどうなのかとも思うし。研修のプロセスも現状では一通りですが、もっと多様だといいなと思うんですよね。何通りも道があって。

勅使川原　一元化しないのが大事ですよね。本当そう思う。間があるということとか。

川上　本当は先生たちが自分たちで、自分たちが好きなことを好きなだけ取り組めるようになれればいいと思うんだけれど、そういう人ばかりではないし。本当に混沌としていると思うんですよね。そのなかで現状、不登校が34万人近くいて……〔文部科学省「令和5年度　児童生徒の問題行動・不登校等生徒指導上の諸課題に関する調査結果」〕。だから、こんなにもどかしい組織はないと思うんですよね。そんななかで働いている人たちが生き生きしているかというと、していないわけです。
こういうがんじがらめの中で、一人ひとりが希望を見いだすためには、もうしばらく辛抱かなという思いもあるんです。

勅使川原　もう少し聞きたいです。辛抱というのは、何か時がくる予感がありますか。

川上　時がくるといっても、人任せではないんです。この状態の中にもなんらかの希望を見いだしながら生きていくという……『教室「安全基地」化計画』の最後に書いたこととも重なるのですが。

ちょっとした楽しみとか、自分の領域を持つことだと思うんです。例えば、「教師はすべて聖人君子の集まりではなく、むしろ自分軸に固執し、了見の狭い人もいる。そこがまた人間らしさ」と思うようにするとか。あるいは「目の前の子が自然体で学校に来てくれるだけで十分幸せ」と思えるとか。小さな幸せの中に、自分が今、ここにいることの意味を感じられるといいと思います。

何の解決にもならないんですけど、そういう部分に一縷の光明みたいなものを見いだしながら、でもそういうので一つ乗り越えていくみたいな感じですかね。

教師だけがつくれる時間、関係への自負

勅使川原　今日は、ままならなさとコントロールや、川上先生の人生模様からいくと、専門性の越境もキーワードの一つだったように思います。

でも、越境もなぁ。私、あれが苦手で。「教育の世界に産業界から落下傘部隊としてやってきました！」みたいなのが。たまに教育系インフルエンサーでもいらっしゃいますよね。

自分がそうならないように気をつけたいなと思っています。「学校の先生は社会を知らないから」なんていうトーンにもしもなったら、その瞬間に同じ穴の狢になる。

川上　でも、そういうのを聞きながら、こちらも割り切っているところがありますよ。「じゃあ、やってみな」って。

勅使川原　本当そう。それ言っていいと思います。

川上　例えば、特別支援学校は、6人から8人で一つの学級を構成します。「なんだ、それくらいの人数か」と思われるかもしれませんが、同じ障害種であっても、個性や障

害特性は多様です。さらに、どんな物事に関心を示すかや、拒否的な反応を示すかもバラバラだし、愛着形成の度合いも異なる。過去の体験からトラウマがある子もいます。

そういう子たちが6人なり8人なり集まるクラスで、一つのまとまり、集団としての学びを考えて、なおかつ個別の課題も設定して、一日なんのケガもなく、子どもたちが「来てよかった」「楽しかった」と帰る。それがどれだけのものなのか、やれるものならやってみなっていう気持ちがあるので。それはたぶん、どの教員もあるんじゃないですかね。最後は、「そこまで言うなら、じゃあやってみなよ」って。

それで気持ちを保っている部分はあると思います。「自分には自分にしかできないこともあって、この子との関係はどんなに何か言われても、ここでないとつくれない関係というのがあるんだ」という自負が。

1時間、授業を見てアドバイスをくださるのもありがたいことはありがたいけれど、でもそれはやっぱり「たった」1時間なんです。ではそれを1週間丸々やれるのか。自分でやっているやり方のほうが、この子たちとの関係をつくれているのではないかという自負みたいなものがあって、それにようやく支えられているんだと思います。

勅使川原　ああ、よかった。「ただ一緒にいる」ことの価値でもありますよね。自分なりの方法で、一日子どもたちとつつがなく過ごすことができた。それこそまさに先生という仕事を生きている尊い証のように思いました。ちなみにそういった、先生ご自身にとっての、安全基地というか、よりどころとなる「今日も一緒にいれたぞ。自分よくやった！」みたいな気持ちは、若い先生方ももっていそうですか。持っていてほしいなぁなんて老婆心で思ってしまうのですが。

川上　そうですね、持っていると思います。だから最後は、「じゃあやってみな」って言っていいんだと思います。だけど、それ自体、別に言う必要すらもないと思うんです。言おうが言うまいが、この仕事に就いてこの子たちと向き合うこの1年間が、たぶん私たちにしかつくれない時間と空間だから。それは真実だから。

勅使川原　今のこの川上先生のおことばで、「癒える」方がいらっしゃるような気がします。先生方もだし、他のどんな仕事にも普遍的に沁みる一言です。その場にいて、うまいことやれてようが、苦労の連続だろうが、そこにいる自分たちしか編み出せない時間ですよね。そうか。順調に狂っていていいわけですね。今日まで順調に。

川上　そうですね。

自分のテントの支柱を自分で立てるみたいな感じですね。嵐がきてふっとばされるとかではなくて、自分でちゃんと握っているじゃないかという、それ自体がすごいことだと思えること。

それで周りから、「その持ち方では駄目だ」とか、「それではテントがつぶれるぞ」と言われたところで、たぶんその人はテントの中へは入ってこない。

勅使川原　うわあ、いい言葉。

その両立なんですね。「テントの柱を自分で持って、自分でこの空間をつくっているぞ」ということと、目の前の子どもから見取る、学ぶこと。その両方をやる。先生という仕事もだし、働くって、もっと言えば、生きるってそういうことですね、きっと。

川上　そうです。

勅使川原　どうせ頑張るならその方向ですね。確かに。

貴重なお時間をありがとうございました。

（終）

おわりに

つれづれなる相互変容の旅

ここまでお読みくださったことに、深く御礼申し上げます。

拍子抜けされた方も少なくないかもしれません。なぜなら本書では権威性をもって、教師や学校という制度について、規範的に語らないようにしてきたからです。少なくない教育書にある、

〝優秀な私はやってのけました。皆さんもっと賢く、タフに、頑張ってください〟

などと言わんばかりのトーンも話題も、ことごとくなかったはずです。

困難がありながらもここまでなんとかやってきたことにハグし合うような相互承認をベースに、

その上で、どうせやるならどの点をどんなことに思いを馳せながら頑張るとよさそうか？　地に足をつけて考えてきました。

言い換えると、〈すごい・大したことない〉と事象に良し悪しや序列を当たり前のようにつけたり、〈こうじゃないとダメ〉と一元的な正しさを信じ込むことから自由になることを第一に、進めてきたとも言えます。その意味で本書は、各分野のフロントランナーとともに私たち自身もまた、相互変容をつづけた旅の記録です。

ここまでくると、タイトルの『「これくらいできないと困るのはきみだよ」？』の「？」の意味も、受け取ってくださるかと想像します。困るのはきみだ、と揺さぶりをかけるものの、その「これくらい」が規定する社会というのは、実在するのでしょうか。それとも、自分たちが既存の枠組み（能力主義社会）を超えられないことの正当化として、「これくらい」で規定する社会を、私たち自身が皮肉にも、つくりだしているのでしょうか。

また、道中でこんなことも考えを巡らしてくださったかもしれません。これは子どもに向けたことばであると同時に、先生同士の中でもつきまといがちなことばだよな、と。もとい、先生に限らず人と人が、「相互承認」ではなく、「評価目線」で繋がってしまうとき、つい口を突くある種のパワーワードです。互いの存在をただ慈しむのではなく、選別的、能力主義的な人間観が蔓延る（はびこ）場にはすべからく、「これくらい」という個人のできる・できないの程度問題が挟み込まれるのです。

それはつまり、

変わるべきは自分ではなく、あくまで（できの悪い）相手である

——書くと実に露骨ですが、能力主義に違和感を持たないまま教育や労働を進めていくとは、まさに、そんなことを恥ずかしげもなく主張していることに他なりません。

教える・教わるという二元論的、硬直的な関係で教育を語るならば、それでよいのかもしれません。しかし明らかに私たちは、上の者が下の者に教えてやろうという姿勢では立ち行かない場面に嫌と言うほど出会ってきています。子どもを変えよう、直そう（治そう）の前に、私たちがどう変わっていく余地があるのか。そんなことの参考に、いくばくかでもなれば編著者冥利に尽きます。

『脱学校の社会』にあたる

さて、最後くらい少しばかり、教育社会学の薫陶を受けた者っぽいことを書き残しておきましょう。この企画をとおして常に、私の頭の片隅には、イヴァン・イリイチの不朽の名作『脱学校の社会』（東洋・小澤周三訳、東京創元社、1977年）がありました。1970年にすでに、あらゆる価値観が制度化、商業化されながら成り立つ現代の経済機構を批判的に描き、またその上で提唱する「自由の奪回」、それらを総称しての「脱学校の社会」ならぬ「社会の脱学校化をはかる」ことを提唱するというのは……もうなんというか、とにかく圧倒的です。約20年前に修士課程において私も読んだわけですが、そのときは〝思い切った思想だなぁ〟くらいにしか正直言って思いませんでした（愚かです、懺悔）。

しかし社会に出て、自分も組織における人の「成長」を考える仕事に就き、また、人の親になり、はたまた、進行性の乳がんを患い……ままならないからだや事情を抱える者となってみてはじめて、「社会とはこういうものだ」の残酷さに何度も打ちのめされそうになりました。そして、イリイチのように

「社会とはこういうものだ」で済ませて本当にいいのか？

としぶとく訴えることの覚悟のようなものをはじめて受け取った気持ちです。

多少粗削りで、具体性に欠けた点はあろうとも（同225ページ）、1970年代にこんな先人が海を越えていたことに、すでに「期待」ではない「希望」を感じて止みません。釈迦に説法かもしれませんが、ざくっと解説すると、イリイチは、脱制度化の論点もさることながら、「希望」と「期待」を区別することも最重要論点の一つとして語っています。その彼の区別はこうです。

「希望とは自然の善を信頼することであるのに対して、私がここで用いる期待とは、人間によって計画され統制される結果に頼ることを意味する」。

その上でイリイチは、跋扈しつづける一元的な「価値の制度化」からの解放や、「速さや進歩、量的増大を尊重する産業社会」からの解放を、「相互親和」と呼び、

「一人一人の人間が相互に依存することの中に実現される個人の自由」

を志向したのでした。

大変厚かましいことを申し上げますが、4人の識者と私とで織りなしてきた旅は、現代版イリイチを志向・思考・試行したものと言えるのかもしれません。私たちはすべからくままならない存在である前提で、いかに統制、管理ではなく、相互の信頼によって、自然な波に揺られたり、乗り越えたり、座礁してみたり……ゆらゆらとやっていけそうか？　について語り合ってきたからです。

まぁ、イリイチの足元にも及ばないにせよ、私たちはこの「相互親和」を探究するにあたり、ひとりの人間からのことばに依拠しすぎず、私たち自身がまさしく相互親和に基づいて、知恵を持ち寄るようにして対話を紡ぐ方法を選びました。属性も人生の足跡もバラバラの4人で、互いの存在を絶対的にリスペクトしながらも、建設的に批判し合う部分も残しながら（互いに同意するだけの対談集なんて誰が読みたいことでしょう）、率直に誠実に、これからの学校、教職、ひいては社会を構想してきました。

今すぐには、本書を受け取れない気持ちだ、という方もいらっしゃるかもしれません。気になる・引っかかる話題を見つけていただくだけでも、大変ありがたく思います。私も4人の皆さまのご発言に対してごまんとドッグイヤー（書籍において心に残った箇所を折り込むこと）があるのですが、中でも最後の川上康則さんのこのことばには唸りました。

（先生を）「やってみな」

……これはイリイチの口からは出せませんよね。現場の葛藤を再認識させられる瞬間でした。

能力主義の限界

教育は労働と不可分ですが、だからと言ってただちに教育と労働に主従関係があるわけでは本当はありません。学校化する社会においては、まるでタックスペイヤー（納税者）を増やすために教育、学校という制度が存在しているかのようですが、そこには周知の息苦しさがつきまとっています。

稼げる人が偉い、なんてちんけな決め事を作るよりはるか昔から、社会は多様性から連帯してしか生きられないようにできています。好むと好まざるとにかかわらず、私たちは多様な姿でこの世に生まれ落ちていますから自然の摂理です。

もっと言えば、私たちは気づいています。身分制に変わる配分原理としては、能力主義に代わる名案は当時なかったかもしれない。でもだからと言って、それをこの先も未来永劫続けていくべきかは、大いに再考の余地があることに。

「はじめに」で私の講演で挙手して疑問を投げかけてくださった先生のおことばではありませんが、社会が変わらない限り、自分ら教員だけが変わっても仕方がないんだ――お気持ちはわかりますし、おっしゃるとおり、学校の問題は社会の問題に他ならないのだと述べてきました。社会の問題を、学校の、それも先生だけに負わせることはできません。その上で本書を読まれた方は、きっと、こう思ってくださるような気がするのです。

自分から／我が校から変わることもできなくないよね。っていうか、前から本当はそうしたかったよね？　と。

一所懸命であるがゆえに、キュッと硬くなった心と身体が、いくばくか、ほぐれたらと願います。しつこいようですが、先生に何かが足りないのではありません。困難がありながらもやってきているし、迷いながらも、傷を負いながらも、朝が来れば学校へと向かってくれる先生たちの愛深さは、あたりに満ちています。そこに気づき、感謝の気持ちとともに、学校とそれ以外とで社会を分断することなく、溶けあっていきたい。本書は議論のたたき台で、これからまさに皆様が主役となって、うちではどうか？　自分はどう在ろうとしているか？　など、闊達に議論されていきましたら、望外の喜びです。

際して。東洋館出版社の大岩有理奈さんに感謝します。初作の『「能力」の生きづらさをほぐす』を読んで興奮気味に連絡をくださり、教育専門出版社としては前代未聞の一冊かもしれないけれど、忙殺される大人たちが自分の人生を生き直せるような一冊を一緒に作りませんか？　と、叱咤激励くださいました。大岩さん、愉しかったですね。本当にありがとうございました。

そして、大岩さんと私の企みに、多大なるご助力をいただきました、野口晃菜さん、竹端寛さん、武田緑さん、川上康則さん（本文登場順）にことばにならない感謝の念をお伝えします。

自己肯定感？　ウェルビーイング？　エンゲージメント？
——包摂とは

もっと「自己肯定感が上がるといいね！」とか、「ウェルビーイングが浸透するといいですね！」、「先生たちのエンゲージメントをあげないと」などと言われてしまうのかもしれません。

本書が繰り返しお伝えしようと試行錯誤してきたのは、先生方が腐心すべきことがあるとしたら、

子どもたちをそろえ、まとめ、整えることに長けた、有能かつ心に余裕がありながらも高い指導力を誇る教師でいなければ

――ではないということ。気にするべき点があるとしたら、子どもたちを無力にさせないことであり、自分自身も無力に思わないことではないでしょうか。武田緑さんとの話の中にも出てきましたが、

自分も社会を変えていけるんだ――そう思って、生きるのが、包摂の状態です。自分も周りも、決して無力ではないのだ、これぞイリイチの言う「期待」ではなく、「希望」とともに生きる世界ではないか。私はそう信じています。

2024年10月15日

勅使川原　真衣

編著者

勅使川原 真衣（てしがわら まい）

組織開発者

東京大学大学院教育学研究科修了。BCGやヘイ グループなどのコンサルティングファーム勤務を経て、独立。教育社会学と組織開発の視点から、能力主義や自己責任社会を再考している。2020年より乳がん闘病中。著書に『「能力」の生きづらさをほぐす』（どく社）、『働くということ』（集英社新書）、『職場で傷つく リーダーのための「傷つき」から始める組織開発』（大和書房）。

著者

野口晃菜（のぐち あきな）

博士（障害科学）／一般社団法人UNIVA理事

小学校講師、障害のある方の教育と就労支援に取り組む企業の研究所長を経て、一般社団法人UNIVA理事。学校、教育委員会、企業などと共にインクルージョンの実現を目指す。文部科学省「新しい時代の特別支援教育の在り方に関する有識者会議」「通常の学級に在籍する障害のある児童生徒への支援の在り方に関する検討委員会」委員、経済産業省産業構造審議会委員、東京都生涯学習審議会委員、日本ポジティブ行動支援ネットワーク理事など。

竹端　寛（たけばた　ひろし）
兵庫県立大学環境人間学部教授
博士（人間科学）。現場（福祉、地域、学生）とのダイアローグの中からオモロイ何かを模索しようとする、産婆術的触媒と社会学者の兼業。子育てをしながら、福祉やケアについて研究。専門は福祉社会学、社会福祉学。著書に『ケアしケアされ、生きていく』（ちくまプリマー新書）、『家族は他人、じゃあどうする？』（現代書館）など。

武田緑（たけだ　みどり）
学校DE&Iコンサルタント・Demo代表
学校における【DE&I（多様性・公正・包摂）】をテーマに、研修・講演・執筆、ワークショップやイベントの企画運営、学校現場や教職員への伴走サポート、教育運動づくり等に取り組む。全国の教職員らと共にNPO法人 School Voice Projectを立ち上げ、現在は理事兼事務局長として活動に従事している。

川上康則（かわかみ　やすのり）
東京都杉並区立済美養護学校主任教諭／立教大学兼任講師
公認心理師、臨床発達心理士、特別支援教育士スーパーバイザー。NHK Eテレ『ストレッチマンV』『ストレッチマン・ゴールド』番組委員。立教大学卒業、筑波大学大学院修了。肢体不自由、知的障害、自閉症、ADHDやLDなどの障害のある子に対する教育実践を積むとともに、地域の学校現場や保護者などからの「ちょっと気になる子」への相談支援にも携わる。

カスタマーレビュー募集

本書をお読みになった感想を下記サイトにお寄せ下さい。レビューいただいた方には特典がございます。

https://www.toyokan.co.jp/products/5552

「これくらいできないと困るのはきみだよ」?

2024(令和6)年12月13日　初版第1刷発行
2025(令和7)年 2 月 7 日　初版第3刷発行

編著者　勅使川原真衣

著　者　野口晃菜　竹端 寛　武田 緑　川上康則

発行者　錦織 圭之介

発行所　株式会社東洋館出版社
〒101-0054
東京都千代田区神田錦町2丁目9番1号
コンフォール安田ビル2階
代表　電話03-6778-4343　FAX03-5281-8091
営業部　電話03-6778-7278　FAX03-5281-8092
振替　00180-7-96823
URL　https://www.toyokan.co.jp

印刷・製本　藤原印刷株式会社

ブックデザイン　鳴田小夜子(KOGUMA OFFICE)

装画・挿絵(P373)　unpis

ISBN978-4-491-05552-7
Printed in Japan